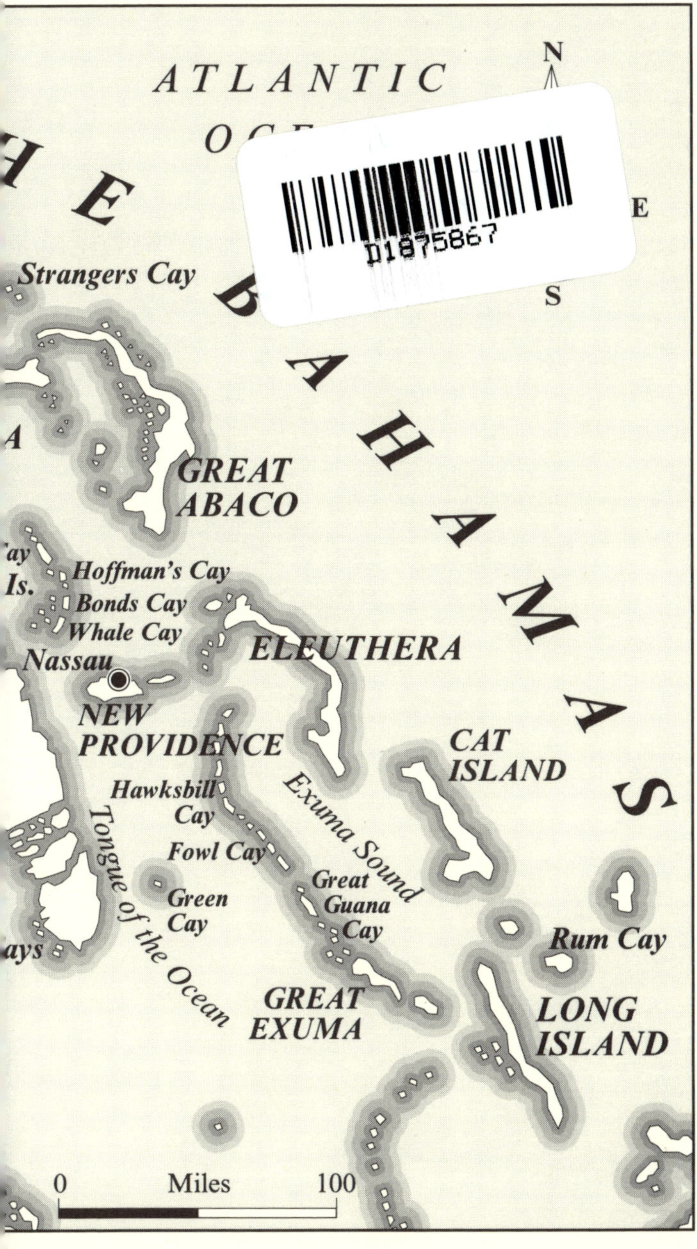
ATLANTIC
OCE
HE
BAHAMAS
N
E
S
Strangers Cay
A
GREAT
ABACO
ay
Is.
Hoffman's Cay
Bonds Cay
Whale Cay
Nassau
ELEUTHERA
NEW
PROVIDENCE
CAT
ISLAND
Hawksbill
Cay
Exuma Sound
Tongue of the Ocean
Fowl Cay
Green
Cay
Great
Guana
Cay
Rum Cay
ays
GREAT
EXUMA
LONG
ISLAND
0
Miles
100

R & L

KATE SUMMERSCALE

Kerle wie wir

Das exzentrische Leben
der Joe Carstairs

Aus dem Englischen
von Chris Hirte

Rütten & Loening
Berlin

Die Originalausgabe
The Queen of Whale Cay. The eccentric Story of »Joe« Carstairs, fastest woman on water
erschien 1997 bei Fourth Estate, London.

ISBN 3-352-00617-2

1. Auflage 1998

Einbandgestaltung Preuße & Hülpüsch Grafik Design
Druck und Binden Clausen & Bosse, Leck
Printed in Germany

Für meine Mutter und meinen Vater

1

Ich war nie ein kleines Mädchen

1905, vielleicht auch ein Jahr früher oder später, wurde Marion Barbara Carstairs im Londoner Zoo von einem bockigen Kamel abgeworfen. Sie verlor beim Sturz das Bewußtsein, und zur Behandlung der Platzwunden legte man ihr rohe Steaks auf den Kopf. Als sie wieder zu sich kam, hatte sie sich einen neuen Namen verdient: »Tuffy«, was soviel heißt wie »zähes kleines Luder«.

Joe Carstairs war der Auffassung, daß ihre Biographie mit dieser Episode beginnen müsse. Demzufolge war sie nicht dem Mutterleib entsprungen, sondern ihrem eigenen Willen, fix und fertig ausgebildet nach eigenem Entwurf. Als das Kamel sie abwarf, entledigte sich »Tuffy« ihrer weiblichen Vornamen aus dem vergangenen Jahrhundert, die ihre Eltern ihr verpaßt hatten, und wählte sich einen Namen, der sie weder einem Geschlecht noch einer bestimmten Zeit zuordnete und nur ihre Unverwüstlichkeit kennzeichnete. Indem sie ihr Leben mit diesem Beinahe-Tod und einer Wiedergeburt beginnen ließ, löschte sie die ersten Jahre der Hilflosigkeit aus, zerschnitt das Band, das sie an Eltern und Herkunft fesselte, und stattete sich mit der Kraft der Selbstschöpfung aus.

Später protestierte sie, wenn sie, wie es gelegentlich

geschah, als »Mrs.« Carstairs angesprochen wurde. »Ich hab' meinen Namen nicht von einem Mann!« polterte sie dann.

»Auch nicht von Ihrem Vater?« fragte darauf ein Freund mit hintersinnigem Witz.

»Reden Sie nicht mit mir in diesem Ton!« brüllte Joe Carstairs ihn an. Über ihren Vater teilte sie lediglich mit, daß er »harmlos« war.

Da sie schon seinen Nachnamen nicht abschütteln konnte, gab sie sich Mühe, wenigstens die Vornamen der Eltern aus ihrem Gedächtnis zu verbannen. »Bis heute kenne ich den Vornamen meines Vaters nicht«, erklärte sie 1975 mit einer gewissen Genugtuung. Ende der zwanziger Jahre taufte sie die Serie starker Motorboote, mit denen sie ihre Rennen fuhr, zu Ehren ihrer Mutter *Estelle*. Erst viele Jahre später bemerkte sie zu ihrer Belustigung, daß sie sich geirrt hatte. Ihre Mutter hatte nicht Estelle, sondern Evelyn geheißen.

Doch ungeachtet aller Selbstschöpfungsphantasien hatte Joe Carstairs Eltern, Großeltern und eine Lebensgeschichte aus Fleisch und Blut.

Natürlich war es das ererbte Vermögen, das ihr diese Freiheit gewährte, ihr die Welt zu Füßen legte und ihre Abenteuer und Wandlungen möglich machte. Aber der beständige Geldsegen raubte ihr die Möglichkeit, das zu sein, was ihr Großvater mütterlicherseits gewesen war und auch sie gern sein wollte – ein Selfmademan.

Der Reichtum der Familie stammte von ihrem Großvater Jabez Abel Bostwick. 1830 als Farmersohn im Staat New York geboren, hatte er sein Vermögen als

Schatzmeister der Southern Improvement Company unter John D. Rockefeller erworben. Rockefeller, Bostwick und ihre Kompagnons errichteten in der zweiten Hälfte des 19. Jahrhunderts ein eisernes Monopol inmitten der aufblühenden Erdöl- und Eisenbahnindustrie. Erst kauften sie die meisten ihrer Rivalen in den besten Erdölgebieten auf, dann erzwangen sie von den Eisenbahngesellschaften üppige Rabatte, indem sie damit drohten, andernfalls ihre Produktionsstätten zu verlagern. Dank der Rabatte konnten sie die Ölpreise drücken und andere Ölspekulanten aus dem Geschäft drängen.

1879 eröffnete die Staatsanwaltschaft von Clarion County, Pennsylvania, ein Verfahren gegen die neun Geschäftsführer der Southern Improvement Company, unter ihnen auch Rockefeller und Bostwick. Vorgeworfen wurden ihnen eine Verschwörung zur Monopolisierung des Ölgeschäfts und der Einsatz betrügerischer Mittel zur Kontrolle der Ölpreise. Alle neun entgingen der Haft.

Jabez Bostwick hatte gerade ein stattliches, fünfgeschossiges Eckhaus auf der Fifth Avenue mit Blick auf den Central Park für seine Familie errichtet – dort, wo auch die anderen Ölbarone ihre Häuser hatten. Das seine war mit Aufzügen und elektrischem Strom ausgestattet, auch ein Reitstall gehörte dazu. Im Jahr seiner Verurteilung flog ihm das Öl, auf das sich sein Reichtum gründete, buchstäblich um die Ohren, als er im Keller seines neuen Hauses einen undichten Benzintank flicken wollte. Er überlebte die Explosion und entging somit ein weiteres Mal der Katastrophe.

Die Southern Improvement Company florierte weiter und wurde 1882 unter dem Namen Standard Oil Trust registriert. Die neun Teilhaber, die ein Kapital von etwa siebzig Millionen Dollar auf sich vereinigten, hatten die Marktwirtschaft so skrupellos ausgenutzt und überlistet, daß der freie Wettbewerb fast ganz auf der Strecke blieb. Bostwick mischte nun auch im Eisenbahngeschäft kräftig mit.

Seine Frau hieß Helen Celia Bostwick und wurde Nellie genannt. Sie war die einzige der ganzen Familie, in der Joe Carstairs ein Vorbild für sich erkannte. »Von allen Enkeln mochte sie mich am meisten«, sagte sie Jahre später, »und ich war in vielem genauso wie sie. Ich glaube, ich bin ihr schrecklich ähnlich mit meinen Ausbrüchen und meinem stürmischen Temperament.«

Nellie Bostwick war eine strenge Matriarchin und sogar noch sturer und unerbittlicher als ihr Gatte. »Sie war eine hartgesottene alte Dame«, entsann sich Joe mit Stolz, »unnachgiebig und zäh, sie hatte ihren eigenen Willen – eine wundervolle Frau ... Sie hatte gewaltige Kraft.« Die Geschichten, die Joe Carstairs über ihre Großmutter erzählte, handelten stets von ihrer Gemütsstärke und ihrer Disziplin. Um ihre Wutausbrüche zu bändigen, lief Nellie in der Park Avenue auf die Treppe hinaus und schmetterte Opernarien. Als glühende Anhängerin der New Yorker Polizeitruppe ließ sie bei ihren Spazierfahrten durch den Central Park stets halten, wenn sie einen Polizisten sah, um ihm einen Vierteldollar zu überreichen.

Nellie hatte die Marotte, stets das genaue Gegenteil von dem zu sagen, was sie meinte, und manchmal führte das zu heiklen Situationen. Auf einem Spaziergang mit ihrer achtjährigen Enkelin Joe – Nellie lief jeden Tag zehn der riesigen New Yorker Häuserblocks ab – traf sie einmal einen Bekannten, in dessen Familie sich ein Todesfall ereignet hatte. »Ich bin ja so *erfreut*, daß Ihre Schwester tot ist«, sagte sie zu ihm.

»Ich fand das wunderbar«, erinnerte sich Joe. »Ich hätte platzen mögen. Alles, was sie tat, fand ich wunderbar.«

Jabez Bostwick starb 1892 auf seinem Landgut auf Long Island. Die Zeitungen berichteten, daß er beim Versuch, Pferde aus einem brennenden Stall zu retten, zu Tode kam. Doch gemunkelt wurde, daß es nicht die Pferde waren, die er aus dem brennenden Stall retten wollte, sondern seine Lieblingskutsche. Er stolperte über einen Zugriemen, schlug mit dem Kopf gegen die Wand und war bewußtlos, als ihn das Feuer ereilte. Er hinterließ ein Vermögen von zehn Millionen Dollar.

Der Nachruf in der *New York Times* bezeichnete Jabez Bostwick als rühriges Mitglied der Baptistengemeinde der Fifth Avenue, das niemals rauchte oder trank, als zuverlässigen und pedantischen Geschäftsmann, als Menschenfreund von »festgefügtem, unwandelbarem Charakter«. Darüber hinaus deutete der Artikel auch Eigenschaften an, die mehr als nur gottesfürchtige Rechtschaffenheit vermuten lassen: »Ohne Ruhe und Rast wandte er sich stets neuen Unternehmungen zu.«

Joe Carstairs erbte die innere Festigkeit und die Ruhelosigkeit ihres Großvaters. Und genau wie er entwickelte sie eine Leidenschaft für Fahrzeuge, Motorenkraft und Geschwindigkeit, die sie mehr als einmal dem Tod nahebrachte. Auch sie hätte zuerst ihre Autos und Motorboote gerettet – Pferde, Hunde, Katzen und alles Getier fand sie bestenfalls uninteressant, schlimmstenfalls widerwärtig. Ihren ganzen Ehrgeiz und Eifer richtete sie auf die Maschinen, die von dem Öl, das ihr Großvater zutage gefördert hatte, angetrieben wurden.

Jabez und Nellie Bostwick hatten drei Kinder. Die älteste Tochter, ebenfalls Nellie genannt, heiratete mit neunzehn, verlor mit einundzwanzig ihren Sohn im Säuglingsalter, mit vierundzwanzig ihre kleine Tochter und mit fünfundzwanzig ihren Mann. Sechs Jahre später heiratete sie erneut, und sie starb 1906 im Alter von achtunddreißig Jahren. Der einzige Sohn der Bostwicks, Albert, starb mit dreiunddreißig im Jahr 1911, angeblich an der Rauschgiftsucht. Evelyn, die Zweitgeborene, war die Mutter von Joe Carstairs.

Auf den Fotos der Jahrhundertwende schaut Nellie Bostwick herrisch und lebhaft in die Kamera, ihre Tochter Evelyn wirkt brav, anmutig und intelligent. Doch alle, die es mit Evelyn Bostwick zu tun bekamen, erlebten sie als furchtlos und launisch, als *femme fatale*. Der Widerspruch zwischen den Fotos und ihrem wahren Wesen könnte auf einen komplizierten Charakter hindeuten, auf ein Talent, sich zu verstellen. »Sie zeigte mir, was Angst ist, und später habe ich nie wieder so etwas verspürt«, sagte Joe in hohem Alter. »Ich hatte nie vor jemandem Angst außer vor meiner Mutter.«

Evelyn Bostwick wurde am 20. Juni 1872 geboren, und als Kind nannte man sie Fannie (ihr erster Vorname war Frances). In ähnlicher Weise, wie ihre Tochter Joe zum Star der Londoner Bootsfanatiker wurde, spielte ihre Mutter eine markante Rolle unter den Jagdfanatikern von Long Island und stellte auf dem Madison Square ihre Pferde zur Schau. Mit achtzehn Jahren gab sie ein »Jagdfrühstück« im Stadthaus der Bostwicks – ein Ereignis, das der *New York Times* zufolge »lebhafte Kontroversen in der Gesellschaft auslöste«. Im selben Jahr begann Evelyn, mit Drogen zu hantieren. Auch wurde sie einem jungen New Yorker versprochen, doch die Verlobung platzte kurz vor der Heirat. 1891 verkündete Evelyn, daß sie einen Captain Albert Carstairs zu ehelichen gedenke, einen Schotten, der bei den Royal Irish Rifles diente und den sie auf einem Europatrip kennengelernt hatte. Die Eheschließung fand an ihrem zwanzigsten Geburtstag statt, zwei Monate vor dem Tod von Jabez Bostwick.

Die Ehe dauerte zehn Jahre, aber es haben sich nur wenige Hinweise auf sie erhalten. Daher ist kaum noch zu entscheiden, ob es Evelyn war oder ihre Tochter Joe, die diese zehn Jahre mit Erfolg auszulöschen versuchte – und damit auch das Andenken an Albert Carstairs, Joes Vaters. Hatte Evelyn ihrer Tochter nichts von ihrer ersten Ehe erzählt, von ihrem Vater und den Umständen ihrer Geburt? Oder zog sie es vor, all das zu vergessen? Einen kleinen Einblick in Albert Carstairs Vorleben bietet die Besoldungsliste der Armee: In den achtziger Jahren diente er in Ägypten als Captain des Zweiten Bataillons der Royal Irish Rifles, 1891 wurde sein Bataillon nach Malta versetzt. Aber mit der Heirat nahm er 1892 seinen Abschied, daher bleiben seine Jahre bis zum Ende des Jahrhunderts im dunkeln.

Über Evelyn gibt es vage Berichte, daß sie im Burenkrieg als Sanitäterin des Roten Kreuzes tätig war und daß sie später bei einer Jachtregatta gegen den deutschen Kaiser antrat. Fast hundert Jahre später sah ihre Tochter Joe ein Video des Films *Die letzten Tage von Kenia* und bemerkte dazu, daß ihre Mutter derselben längst verblichenen, haltlosen und heimatlosen Gesellschaft angehörte, die in dem Film porträtiert wurde.

Es ist nicht klar, in welcher Weltgegend Albert und Evelyn Carstairs wohnten, ob sie überhaupt zusammenlebten. Evelyn war nie eine treue Ehefrau, und es spricht nicht allzuviel dafür, daß Joe tatsächlich die Tochter von Albert Carstairs war. Vieles weist darauf hin, daß sie alles andere als ein Wunschkind war. Die Eltern waren bereits seit acht Jahren verheiratet und ließen sich wenig später scheiden. Albert Carstairs schien nicht darum bemüht, den Kontakt zu seinem einzigen Kind zu halten. Nur eine Woche vor ihrer Geburt trat er wieder in die Armee ein. Vielleicht strich Joe ihn aus ihrem Leben, weil er sie verlassen hatte, vielleicht war ihr Vater ein anderer, und sie kannte ihn tatsächlich nicht. In diesem Fall rückt ihre Behauptung von 1975, sie kenne den Namen ihres Vaters nicht, in ein anderes Licht. In Joes Fotosammlung fand sich das unscharfe Porträt eines schmucken Mannes mit Schnurrbart und Uniform, das den Vermerk »Carstairs?« trägt.

Gesichert ist jedoch, daß Evelyn Carstairs im Jahr 1900 in London lebte. Am 1. Februar jenes Jahres brachte sie in Mayfair, Park Street 115, Marion Barbara Carstairs zur Welt. Park Street 115 war ein rotes Backsteinhaus in einer neuerrichteten Häuserzeile. Ein paar Jahre zuvor waren das dort befindliche Armenhaus und mehrere Kneipen abgerissen worden, wodurch die Straße zu einer der vornehmsten in diesem exklusiven Stadtteil Londons wurde. Mayfair war der Mittelpunkt der Londoner Gesellschaft und – mit der amerikanischen Botschaft am Grosvenor Square – ein Anziehungspunkt für reiche Amerikaner. »London ist meine Stadt, ohne Frage«, sagte Joe später. »Lord Fauntleroy, so was in der Art.« Im 1886 erschienenen, gleichnamigen Roman von Frances Hodgson Burnett verläßt Little Lord Fauntleroy, der Sohn einer Amerikanerin und eines englischen Offiziers, die USA, um den Titel und die Erbschaft anzutreten, die ihm sein Vater in England hinterlassen hatte. Das mag erklären, warum auch Joe so sehr am Land ihres verschollenen Vaters hing.

Von Herkunft war Joe weder britisch noch adlig, sondern amerikanisch und neureich, und in ihren ersten Lebensjahren wurde der Reichtum ihrer Familie zudem als unrechtmäßig erworben gebrandmarkt. 1902 erschien eine hochkritische Artikelserie »Die Geschichte der Standard Oil Company« in der amerikanischen Zeitschrift *McClure's*, die mit den skrupellosen Gründern des Konzerns abrechnete, auch mit Jabez Bostwick. Und 1905 wies Reverend Washington Gladden, ein führender Geistlicher der Kongregationalistenkirche, eine Spende von Bostwicks Partner John D. Rockefeller zurück. »Ist dieses Geld sauber?« fragte er. »Kann irgend jemand oder irgendeine Einrichtung es anrühren, ohne sich die Finger schmutzig zu machen? In der grausamen Brutalität, mit welcher

Besitztümer ruiniert, Aktienwerte zerstört und die Menschen zu Hunderten um ihre mageren Ersparnisse geprellt werden, und das nur, damit sich Multimillionäre daran bereichern können, offenbart sich aufs erschrekkendste, in welche Ungeheuer sich menschliche Wesen verwandeln können.«

Möglicherweise um ihrem Ruf als »Dollarprinzessin« entgegenzuwirken, brachte es Joes Mutter irgendwie fertig, bei Queen Alexandra, der Gemahlin Eduards VII., als Zofe angestellt zu werden. (»Ich glaube, sie stand auf Mädchen«, sagte Joe Carstairs über Alexandra, doch anscheinend gründete sich diese Annahme einzig auf den Umstand, daß die Queen gern Stehkragen und Krawatten trug.)

Als Joe vom Kamel fiel, im Alter von fünf Jahren etwa, hatte sie allen Grund, sich als Waisenkind zu fühlen. Ihre Eltern waren geschieden, der Vater verschollen, sie selbst in Europa umhergeschoben, von Land zu Land, von Kindermädchen zu Kindermädchen, und 1903 hatte ihre Mutter erneut geheiratet. Sie gebar eine zweite Tochter und wenig später einen Sohn.

Evelyns neuer Gatte hieß Francis Francis und war ebenfalls Captain der britischen Army. (Unter diesen Umständen konnte Evelyn von Glück reden, daß sie ihren ersten Vornamen Frances nicht mehr benutzte.) Ihre 1904 geborene Tochter wurde Evelyn Francis getauft (und Sally genannt), der 1906 geborene Sohn hieß Francis Francis jr. und wurde Frank gerufen. Joe mochte die neue Familie nicht, und dies beruhte auf Gegenseitigkeit. Ihren Halbbruder Frank bezeichnete sie verächtlich als »mädchenhaft«, doch räumte sie ein, daß seine Mutter ihn gerade deshalb ein wenig verzärtelte, weil er ein Junge war. Über sich selbst sagte Joe: »Ich war nie ein kleines Mädchen. Ich kam schon als Lesbe aus dem Mutterleib.«

Ständig war sie zerzaust und zerschrammt, manchmal aus Mutwillen oder gar Koketterie. Das Kamel im Londoner Zoo ging mit ihr durch, weil ein Kellner in unmittelbarer Nähe eine Serviette ausschüttelte. Wenn Joe im weißen Kleid auf Besuch mitgenommen wurde, rannte sie hinaus und wälzte sich im Schmutz. Von ihrem Shetlandpony Nigger fiel sie, weil sie an einem Brombeergestrüpp hängenblieb. »Seit ich laufen konnte, bin ich nur noch gerannt«, sagte sie. »Meine Mutter meinte, ich wäre ein Elefant im Porzellanladen.«

Captain Francis mißbilligte das Temperament seiner Stieftochter. »Er glaubte, er könnte mich kurieren«, erinnerte sich Joe, »aber da hatte er sich geirrt.« Die Wildheit, von der man sie heilen wollte wie von einer Krankheit, war schon damals eine euphemistische Umschreibung für ihr maskulines Naturell. Als sie mit acht Jahren von ihrem Stiefvater beim Zigarrenstehlen ertappt wurde, bestrafte er sie damit, daß sie in seinem Arbeitszimmer eine Zigarre rauchen mußte. »Wenn dir schlecht wird«, sagte er, »geh hinaus, erbrich dich und komm zurück.« Joe, die sich nicht zum ersten Mal an seinen Zigarren vergriffen hatte, setzte sich hin und rauchte seelenruhig die Zigarre zu Ende.

Obwohl sich Francis und Evelyn erst 1915 scheiden ließen, war die Ehe seit langem am Bröckeln. Evelyn hatte viele Affären – der Sohn eines englischen Adligen soll sich ihretwegen umgebracht haben –, und auch ihre Kinder behandelte sie nicht besser als ihre Liebhaber. Francis sorgte in London für die Kinder, und jedesmal, wenn ein Besuch seiner auf Abwegen befindlichen Ehefrau ins Haus stand, mußte das Kindermädchen die beiden auf dem Dachboden verstecken. Einmal entführte Evelyn Frank und Sally aus dem Coburg Hotel und reiste mit ihnen nach Amerika zu ihrer Mutter. »Nur keine Sorge«, beruhigte Nellie Bostwick den verzweifelten Vater. »Sie wird die Kinder bald satt haben.« Und so war es dann auch.

Joe Carstairs hatte nicht einmal einen besorgten Vater, der sie vor den Launen der Mutter in Schutz nehmen konnte, und Evelyn schien trotz ihrer Nachlässigkeit entschlossen, alle anderweitigen persönlichen Kontakte ihrer Tochter zu unterbinden. Sie wurde, wie Joe erzählte, so eifersüchtig auf ein Kindermädchen, mit dem Joe sich gut verstand, daß das Mädchen entlassen wurde. Dieses Kindermädchen, dem Joe versprochen hatte, sie werde es heiraten, wenn sie einmal groß sei, schickte ihrem ehemaligen Zögling viele Jahre lang Eierwärmer.

Evelyns sprunghafte Launen hatten ihre Ursache zum Teil in Alkohol und Heroin. In kürzester Zeit konnte ihre strahlende Erscheinung verfallen, ihr Glanz und ihr Charme in Bitterkeit und haltlose Grausamkeit umschlagen. Wenn sie mit ihren Kindern zusammen war, wirkte sie oft geistesabwesend, die Drogen verliehen ihr einen stumpfen, glasigen Blick. Wegen ihrer unnatürlichen Flatterhaftigkeit wurde Evelyn von ihrer ältesten Tochter sowohl gehaßt als auch bewundert. »Sie war schön, sie war klug, sie war außergewöhnlich«, sagte Joe, »aber sie hatte die schreckliche Angewohnheit, Drogen zu nehmen ... Sie war unberechenbar, und das in jeder Hinsicht.«

Die junge Joe Carstairs befand sich im Sog einer starken, unbeeinflußbaren Macht, der sie kaum Widerstand entgegensetzen konnte. Später gestand sie manchmal ein, daß sie sich ihrer Mutter ausgeliefert fühlte. »Ich wußte nie, was ich zu erwarten hatte. Ich war zwar ein störrisches kleines Biest, aber trotzdem.«

Um sich zu behaupten, entwickelte Joe die Idee, daß sie von einer Art Kraftfeld umgeben war, das sie wie ein Floß durchs Wildwasser trug; zeitlebens äußerte sich diese Phantasie in ihrer Vorliebe für ummauerte, bewehrte Kleinwelten – für Schiffe, Boote und Inseln. Eine ihrer wenigen glücklichen Kindheitserinnerungen war eine Bootsfahrt im eigenen Ruderboot auf dem Meer bei Southampton, ausgerüstet mit Keksen und einem Krug Wasser. Und sie bastelte kleine Schiffchen aus Zweigen – die Schiffe symbolisierten Autonomie inmitten des Chaos. Auf die Frage einer Freundin, für wen oder was sie in ihrer Kindheit geschwärmt habe, antwortete sie: »Für nichts. Außer für Schiffe.«

Alle Geschichten, die Joe aus ihrer Kindheit erzählte, waren dazu angetan, ihren Trotz und ihre Selbständigkeit zu illustrieren, zu beweisen, daß sie ein »störrisches kleines Biest« war. Sie weinte nicht, wenn sie mit der Rückseite der Haarbürste geschlagen wurde, weil sie »denen« damit nur eine Freude gemacht hätte. Sie prahlte damit, wie rüpelhaft sie sich benahm: Besonders gern stach sie ihren kleinen Halbbruder Frank mit Nadeln.

Wenn Joe ihre Grausamkeiten bereute, erlegte sie sich selbst eine heimliche Buße auf. Um ihre Untaten wiedergutzumachen, rannte sie, wie sie sich später erinnerte, an den Strand, legte sich mit ausgebreiteten Armen in den Sand und machte Flügelbewegungen. So entstand im Sand der Abdruck eines »Heiligen« oder eines Engels, dem sie als Zeichen der Vergebung einen Heiligenschein hinzufügte. »Ich dachte, das würde helfen«, erklärte sie und ergänzte dazu, um jeden Verdacht der Bravheit und Fügsamkeit von sich abzuwenden, »nämlich mir selbst.«

Eigenem Bekunden zufolge wurde sie schließlich als eine solche Gefahr für ihre Halbgeschwister erachtet, daß sie nach Amerika in ein Internat geschickt wurde. Möglicherweise übertrieb sie ihre Gefährlichkeit, um den Schmerz des Verstoßenseins zu mildern. Die Verbannung, so redete sie sich ein, war kein Ausdruck ihrer Ohnmacht, sondern ihrer großen Macht. »Ich ließ sie im Glauben, daß sie mich damit bestraften«, sagte sie, »aber ich wußte verdammt gut, daß ich meinen Spaß haben würde.«

In einem kurzen Lebensabriß, den sie mit über neunzig Jahren verfaßte, brachte sie diese Umkehrung in einem knappen Satz zum Ausdruck: »Verließ die Familie mit elf.«

2

Ein kerngesundes kleines Biest

1911 wurde Joe Carstairs in einen Regenmantel gepackt, nach Southampton kutschiert und auf einen Ozeandampfer mit Kurs New York verfrachtet. Der Regenmantel war das letzte Requisit aus der alten dunklen Welt. Joe wurde vom Dampfer verschluckt, einer schwimmenden Insel, einer kleinen Welt für sich, umbrandet vom Ozean. In Joes Darstellung war die Reise nach Amerika eine Befreiung und Low Heywood, das Mädcheninternat in Stamford, Connecticut, eine Idylle.

Das Wenige, das sie von ihrer Schulzeit mitteilte, klingt unbeschwert und heiter, als wäre es eine sorgenfreie Zeit gewesen, über die es nicht viel zu sagen gab. Als sie ankam, noch ein »winziges Gör«, war sie sofort beliebt, weil sie den Älteren die Französisch-Aufgaben abnahm und mit links erledigte. Bei einem ihrer Kindermädchen hatte sie die Sprache perfekt gelernt. Doch trotzdem, erinnert sie sich, »hielt ich ständig Volksreden, Gott weiß worüber«, und sie genoß das Aufsehen, das sie mit ihrem »grusligen englischen Akzent« erregte. Sie behauptete, nicht bis zehn zählen zu können, und es fiel ihr schwer, sich beim Lesen zu konzentrieren, doch sie war eine leidliche Schülerin und eine gute Ballspielerin. Joe liebte ihre Schuluniform.

»Selbst damals war ich mit mir zufrieden«, sagte sie. »Ich war ein kerngesundes kleines Biest.«

Immer auf ihre Gesundheit bedacht, aß sie lieber Orangen als Süßigkeiten, ihr Taschengeld gab sie für Knabenpyjamas und -schuhe aus. Ihre Zimmergefährtin Caroline Dubois zog auch gern Knabensachen an. »Sie sah so gut aus!« erinnerte sich Joe. »Ich kann Ihnen sagen, wir waren ein Gespann!« Joe verliebte sich in eine ganze Reihe von Mädchen, wie sie sagte, aber »ich verband damit keine sexuellen Vorstellungen ... In der Schule war dafür keine Zeit, es gab so viele andere Sachen zu tun.« Sie genoß die Vorstellung, ein »Kerl« zu sein. Viele Jahre später besuchte sie mit zwei Freundinnen ihre alte Schule. Dem Hausmeister, den sie dort antraf, erzählte sie, daß sie einmal diese Schule besucht habe, und der erklärte zu ihrem Entzücken, daß es sich um einen Irrtum handeln müsse, da es immer eine reine Mädchenschule gewesen sei.

Joes Mutter warf dennoch ihren Schatten auf diese unbeschwerten Schultage. Bei der Überfahrt nach Amerika hatte Joe mit ihrer Vergangenheit abgeschlossen, so gut sie nur konnte. Das Glück, das sie im Internat genoß, beruhte offenbar darauf, daß sie diesen harten Schnitt gemacht hatte, doch nach wie vor lauerte Gefahr. »Ich hatte einen Horror vor dem, was passieren konnte«, sagte Joe. »Sie nahm Rauschgift, und ich genoß das Internat in vollen Zügen, aber immer mit der Angst vor dem Brief, in dem stand, daß ich nach Hause kommen sollte.«

Trotz der ständigen Furcht, daß die Mutter sich ihrer entsinnen könnte, sahen sie sich in jener Periode nur ein einziges Mal – im Jahr 1915. Es war das Jahr, in dem sich Evelyn von Francis Francis scheiden ließ und ihren dritten Mann, Roger de Perigny, heiratete. Die katholische Trauung fand in der Londoner Warwick Street statt. De Perigny war ein französischer Graf und Unterleutnant beim 19. Regiment der Französischen Dragoner. Joe vergötterte ihn. »Er war wundervoll«, sagte sie, »er war ein richtiger Junge.« Wichtiger noch war, daß der Graf seine Stieftochter wie einen richtigen Jungen behandelte und sein Rennauto, einen Peugeot, umbauen ließ, damit sie ihn steuern konnte. Er bot ihr seine Zigarren an und stellte sie seinen vielen Mätressen vor. Einmal nahm er sie sogar, wie sich Joe mit Stolz erinnerte, in ein Pariser Bordell mit. »Er war der absolut größte Charmeur aller Zeiten«, sagte sie. »Ich war beinahe so etwas wie sein richtiger Sohn. Für mich tat er alles.« Wahrscheinlich war er für Joe auch der erste Mann, der nicht unter der Fuchtel ihrer Mutter stand. Diesmal war Evelyn die Betrogene. Sie trennte sich schließlich von ihrem dritten Mann wegen dessen fortwährender Untreue.

Die Schulferien verbrachte Joe manchmal bei ihrer Großmutter in New York. In seinem Testament hatte der patriotische Jabez Bostwick 1892 verfügt, daß nur die in Amerika ansässigen Nachkommen in den Genuß ihres Erbteils kommen durften. Da er kurz nach Evelyns erster Heirat starb, kann man diese Klausel auch als Strafe dafür ansehen, daß sie einen Schotten geheiratet hatte und außer Landes gegangen war. Aber Nellie Bostwick setzte sich darüber hinweg und sicherte Evelyn und ihren Kindern ein großzügiges Einkommen. Der Großmutter gegenüber äußerte Joe den Gedanken,

Ärztin zu werden. (Ihre Mutter erhob dagegen Einspruch, »vor allem, weil sie auf mich eifersüchtig war« – so Joe.) Und Joe bekniete ihre Großmutter mit dem Wunsch, in den Krieg zu dürfen. Nellie Bostwick, eine Frau von Einfluß und schnellen Entschlüssen, brachte das Amerikanische Rote Kreuz dazu, ihre Enkeltochter als Fahrerin eines Sanitätskraftwagens nach Frankreich zu schicken. 1916 überquerte Joe, die seit ihrer Geburt zwischen der Alten und der Neuen Welt hin und her pendelte, zum siebzehnten Mal den Atlantik. Der Ozean schien ihr Element zu sein, und die Dampfer, die ihn durchpflügten, waren für sie die Ruhepole, um die sich ihre Welt drehte. Joe Carstairs gelangte nach Paris, kurz bevor die Vereinigten Staaten in den Krieg eintraten. Ihre Mutter wohnte dort mit einem Chihuahua, den Joe als »Katastrophe« bezeichnete. »Er täuschte ständig Herzbeschwerden vor«, behauptete Joe, »indem er sich auf den Rücken legte und alle viere von sich streckte, und sie flößte ihm dann Brandy ein.« Während Joe leblose Gegenstände mit der Anhänglichkeit und Unschuld von Kindern ausstattete, unterstellte sie Tieren die Falschheit und Hinterlist der Erwachsenen.

Mit vier anderen Sanitätsfahrerinnen bezog Joe eine Wohnung in Montparnasse. Die Miete war billig, weil sie ein Glasdach hatte, durch das man die Bombenflugzeuge übers Haus fliegen sehen konnte. Paris wurde schwer beschossen; Joe erinnerte sich, daß ganze Häuserwände einstürzten und Menschen in den Straßen verbluteten. Sie fuhr gerade ein Sanitätsauto über die Place de la Concorde, als ein Flugzeug abgeschossen wurde und vor ihr in den Schnee stürzte.

Sie zog den Piloten, einen Franzosen, aus dem Wrack und konnte nur noch seinen Tod feststellen.

In Paris hatte sie ihre erste sexuelle Begegnung – mit einer Frau in einem Hotelzimmer. »Ich sagte: Mein Gott, das war ja wundervoll, und fand es sehr schade, daß ich so lange gewartet hatte.« Dann verliebte sie sich in Dorothy Wilde, die mit ihr die Wohnung teilte. Joe und Dolly begannen eine Affäre, und Joe bezeichnete Dolly später als eine der vier Frauen, die ihr Leben veränderten.

Auf alle, die sie kannten, wirkte Dolly so markant und einzigartig, als wäre sie eine Romanfigur und kein wirklicher Mensch. Wie Joe Carstairs hat sie kaum Spuren für die Nachwelt hinterlassen, auch sie lebte für den Augenblick.

Dolly Wilde war 1895 als Tochter von Willie und Lily Wilde geboren worden, Oscar Wilde war ihr Onkel. Nach seinem Tod war sie die einzige in der ganzen Familie, die weiter seinen Namen trug. (Die Schande, die Oscar über die Familie gebracht hatte, war so groß, daß seine zwei Söhne den Namen der Mutter – Holland – annahmen.) Willie Wilde war wie sein jüngerer Bruder Oscar von hoher Statur, üppig gebaut und lethargisch veranlagt. Vergeblich versuchte er mit Oscars Dichtertalent und Witz zu wetteifern. Er starb 1899 als Trinker im Delirium, als Dolly vier Jahre alt war. Lily heiratete erneut. Die einzige Kindheitserinnerung, die Dolly ihren Freundinnen anvertraute, war, daß sie Zuckerwürfel aß, die sie ins Parfüm ihrer Mutter getaucht hatte.

Oscar Wilde starb 1900 in Paris, vertrieben und geächtet wegen seiner Homosexualität, krank, gebrochen und ruiniert. Vierzehn Jahre später kehrte er nach Paris zurück – in Gestalt seiner Nichte. Es war allerdings eine wunderbar verdrehte Auferstehung: Der Onkel hatte Knaben geliebt, sie liebte Mädchen; sie war das männliche Gegenstück zu seinem femininen Typ. Es war, als wäre er durch einen Spiegel getreten, um sich in sie zu verwandeln.

Dolly hatte das gleiche ovale Gesicht wie Oscar, das gleiche dunkle Haar, das sich über der Stirn teilte, die gleichen langen, weichen, weißen Hände. Dolly war riesig stolz auf ihre Hände, auf ihre schlanken Finger, ihre zarten und schmalen Gelenke; sie waren, wie eine andere Freundin bemerkte, so weiß und makellos, daß sie merkwürdig nichtssagend wirkten. Alice B. Toklas, die Gefährtin von Gertrude Stein, schrieb von Dollys »fast mythischer ursprünglicher Frische«. Dolly hatte die Hüften eines Knaben, die Schultern eines Mannes und die liebenswerte Grazie eines Mädchens. Einmal wurde sie als ein Geschöpf aus Gardenienblüten bezeichnet, mit Augen aus großen Veilchen. »Halb Zwitter, halb Göttin«, befand Dollys Lebensliebe, Natalie Clifford-Barney.

Natalie Barney, eine reiche Amerikanerin, die sich als Mäzenin betätigte, war die berühmteste Lesbierin ihrer Zeit; der Schriftsteller Rémy de Gourmont taufte sie *l'Amazone*, nachdem er sie in majestätischer Haltung und im Herrensitz durch den Bois de Boulogne hatte reiten sehen. Natalie Barneys Freitagabendsalons, bei denen Tee und Schokoladenkuchen gereicht wurden, waren ein Anziehungspunkt für große Geister wie Rabindranath Tagore, Paul Valéry, Proust, Gide, Eliot, Cocteau, Colette, Rilke, Joyce, Pound und

Hemingway. Vor dem Krieg war Mata Hari in Natalie Barneys Salon nackt auf einem Schimmel geritten, der ein türkisbesetztes Halfter trug.

In Paris blühte die sexuell freizügige Boheme wie nirgends sonst, und viele, die auf der Suche nach der Freiheit des Geistes und der Sinne waren, zog es dorthin. Dolly Wilde war für diese Szene wie geschaffen, aber Joe Carstairs blieb eine Randfigur. »Ich war ein unbeschriebenes Blatt«, sagte sie, »noch in der Embryonalphase.« Für die Pariser Gesellschaft war sie einfach eine stämmige, linkische Amerikanerin mit viel Geld und wenig Kultur. Obwohl Joe vielleicht nicht in die entscheidenden Zirkel vordrang, hinterließ Paris einen tiefen Eindruck bei ihr. Mit anderen, die Paris ebenfalls aus den Kriegsjahren kannten, entfaltete sie im London der zwanziger Jahre ihre eigene Version der Pariser Boheme.

Dolly führte Joe in die Welt der Erotik und des Geistes ein. »Ich lernte sie *sehr* gut kennen«, sagte Joe. »Sie verhalf mir zu geistiger Beweglichkeit. Sie brachte mir das Denken bei.«

Dolly war bekannt für ihre geistreiche Konversation. Doch im Unterschied zu ihrem Onkel waren ihre Inspirationen flüchtig und beiläufig, man konnte sie nicht festhalten oder wiederholen. Auf Partys glänzte sie mit einem Feuerwerk von Pointen, die sie alle auf einmal abschoß, so daß keiner sie sich merken konnte. Ihre Worte schwebten umher wie Seifenblasen. – »Es war ein Humor, den man unmöglich wiedergeben konnte«, schrieb eine ihrer Freundinnen, »der flinkste, leichtfüßigste und erlesenste Nonsens ohne Einschränkungen, ohne Hemmungen und oft auch ohne jedes Taktgefühl.«

Dolly übte keinen Beruf aus, sie echauffierte sich niemals, ihre Bewegungen waren träge, sie kam immer zu spät. Sie war berühmt dafür, daß sie durch nichts zu beeindrucken war. Sie besaß, schrieb eine andere Freundin, »eine Art von Apathie, die man für Faulheit halten konnte. Sie rührte keinen Finger und nickte nicht einmal, doch die Leute waren verrückt nach ihr … Dolly *tat* nie etwas, sie *war* einfach nur.«

Viele kamen auch, um sich Dolly anzuvertrauen. Sie hatte einen unersättlichen Hunger nach Klatsch, besonders wenn er amouröser Natur war. Sie erteilte Ratschläge, intrigierte mit jedem gegen jeden, amüsierte und quälte ihre Freunde und verriet schließlich ihre Geheimnisse. »Es läßt sich nicht leugnen, daß ihre Diskretion hinter ihrer Fähigkeit, Informationen anzuhäufen, zurückblieb«, schrieb ein Bekannter. Ein anderer urteilte weniger zartfühlend: »Freundschaft erfordert Disziplin, und Dolly besaß keine.« Dolly neckte und quälte gern und weidete sich an den Zuckungen ihrer Opfer. »Sie war wie ein Panther«, meinte eine Freundin, »geschmeidig und graziös, sie konnte schnurren, und sie hatte Krallen.«

Von einem reichen amerikanischen Kavalier zum Tee eingeladen, befahl Dolly dem vorbeigehenden Kellner, die Platte mit Brioches, die er trug, auf dem Tisch abzustellen. Sie schnitt von jedem die knusprige Spitze ab und verzehrte sie, bis schließlich zwei Dutzend enthauptete Brioches auf der Platte lagen. Ihr Gastgeber, der mit wachsender Wut zugeschaut hatte, bezahlte die Rechnung und machte seinem Ärger Luft. »Aber sie sind doch das Beste daran«, rechtfertigte sich Dolly.

»Den Rest wollte ich nicht.« Eine Freundin fragte sie hinterher, warum sie das getan hatte. »Ich weiß es nicht genau«, sagte sie. »Vielleicht wollte ich ihn für seinen Reichtum bestrafen.« Auch sie selbst wußte nicht, ob ihre Gesten tiefere Bedeutung hatten. Sie konnte sich als subversive Performance-Künstlerin sehen, die mit geistreichen Inszenierungen die gesellschaftliche Etikette ad absurdum führte, oder einfach als übermütiges Kind, das keiner Versuchung widerstand.

Hinter Dollys beeindruckendem Erfindungsreichtum verbargen sich offenbar große Langeweile und tiefe Enttäuschung: Um der Welt Reize abzugewinnen, mußte Dolly sie erst in ein Kunstwerk verwandeln. Auch sie selbst war eine literarische Erfindung, eine schillernde Kopie ihres Onkels Oscar. Dolly war entzückt und geblendet von ihrer Nähe zu dem berühmten Verwandten; sie war überzeugt, daß Oscar Wildes Geist in ihr steckte und sie beherrschte. »Ich bin Oscar ähnlicher als Oscar selbst«, sagte sie gern. Auf Kostümbällen trat sie als ihr Onkel auf. In einem Brief schrieb sie: »Ich konnte dem ›bon-mot‹, das mir über die Lippen wollte (Oscars Lippen schließlich!), nicht widerstehen.« Sie erschien auch in anderen Verkleidungen. Bettina Bergery, eine Freundin, beschrieb einen typischen Dolly-Auftritt in einem kleinen Restaurant am Quai de Voltaire:

Ihr Gesicht entspricht genau Aubrey Beardsleys Zeichnung von Oscar Wilde. Die anderen reden, sie blickt stumpf auf ein leeres Glas und zupft die Blätter von einem Zweig, den sie aus der Blumenvase gezogen hat. Ein langer Rothaariger tritt ein und erkennt Victor [Cunard], der den Rothaarigen den anderen vorstellt. Dollys Blick hellt sich auf, als sie ihn unterbricht: »Darling, du stellst so schlecht vor, du weißt überhaupt nicht, wie man das macht. Du zählst einfach Namen auf, die er nicht kennt, und das macht die Konversation so allgemein!« Dann wendet sie sich direkt an den Rothaarigen: »Wir müssen Ihnen ja nicht sagen, daß Victor der weiße Ritter aus Alice in Wonderland ist, und dies« – sie weist mit dem Zweig auf Yorke, einen blondköpfigen Deutschen – »ist Siegfried. Was er in seinem Glas hat, ist kein Wein, er trinkt nur Blut, Drachenblut, und deshalb lächelt er über die Frechheiten, die die Kanarienvögel, die dort im Käfig über der Kasse sitzen, über uns verbreiten. Und sie« – der Zweig richtet sich jetzt auf Ruth Yorke –, »die ein Gesicht wie ein Indianer hat, wer weiß, welche Rituale sie bei Vollmond vollführt … Was mich betrifft, hätten Sie mich als erste erkennen und auf mich zueilen müssen, auch ohne meinen Turban, denn ich bin Madame de Staël. Sollten Sie mein Gesicht vergessen haben, hätten Sie sich wenigstens an meinen Zweig erinnern müssen« – den sie nun schwenkte – »und an meine schöne Hand und Armpartie. ›Das einzige, was an mir vollkommen ist‹, haben Sie mir einmal versichert. Nun, ich habe Sie sofort erkannt, Sie haben sich kein bißchen verändert, Sie sind Benjamin Constant.« Der Rothaarige, dem nicht bewußt ist, daß Benjamin Constant – Madame de Staëls Lebensgefährte und Autor des Romans Adolph – ebenfalls rotes Haar hatte und mit einem Ekzem bedeckt war, ist fürchterlich geschmeichelt. Er vergißt auch, daß er fremd und schüchtern ist, und nimmt ungebeten am Tisch Platz. Für Dolly ist er nun endgültig durchgefallen, doch ihre Augen leuchten und werden immer munterer, während er redet und redet wie nie zuvor. Zufällig hat er Adolph gelesen, er versichert Dolly, wie sehr diese Ge-

schichte der seinen ähnelt, und er hält nur inne, um ein weiteres Mal sein Glas zu leeren. Am nächsten Morgen eilt er zum Telefon, um Dolly anzurufen. Aber Dolly wird noch lange nicht wach sein, und wenn sie wach ist, ist ihr Telefon besetzt. Er geht ins Ritz, wo sie ihren Lunch einzunehmen versprach, aber Dolly hat ihr Versprechen vergessen.

Indem Dolly Joe Carstairs auf eine ähnliche Art umschmeichelte und umwarb wie den Rothaarigen, brachte sie ihr bei, daß sie ihre linkische Art in Charme verwandeln konnte, wenn sie sich stilisierte wie eine Kunstfigur. Joe lernte ihre Lektion. Nie unterschätzte sie das Potential, das in einer bühnenreifen Selbstdarstellung liegen konnte. Joe teilte nicht mit, wie ihre Trennung von Dolly verlief. Vielleicht ließ Dolly sie ebenso unvermittelt sitzen wie den rothaarigen jungen Mann und erteilte Joe damit eine weitere Lektion – niemandem zu trauen.

Genährt wurden Dollys zügellose Zerstreuungen und ihre Einfälle von Alkohol, Opium und Kokain. Die Rauschgifte kaufte sie bei den *marchands de paradis* an gewissen Pariser Straßenecken. Wie Joe Carstairs Mutter verfiel sie zunehmend der Sucht, und ihr Leben endete erbärmlich.

»Dolly Wilde war im Leben wie eine Gestalt aus einem Buch«, schrieb Janet Flanner, »auch wenn dieses Buch nie geschrieben wurde. Beim Gehen auf der Straße oder beim Reden an einem Pariser Restauranttisch oder im abendlichen Zwielicht ihrer Hofwohnung in der Rue Vaugirard wirkte sie wie eine Figur, mit der man durch Lektüre vertraut war und nicht durch persönliche Bekanntschaft.« Joe Carstairs in all ihrer Körperlichkeit und Vitalität hatte etwas von dieser Wesensart übernommen. Sie war kein literarischer, intellektueller Typ, dennoch wirkte sie wie eine Kunstfigur, wie ein Produkt ihrer eigenen Phantasie, ein Wesen, das »einfach nur war«. Dolly und Joe waren beide bemüht, den Eindruck zu erwecken, als wären sie nie geboren, sondern fertig ausgebildet in die Welt getreten – wie die Göttin Athene, die in voller Rüstung dem Kopf des Zeus entstieg.

Die siebzehnjährige Joe war geblendet von Dolly und fand sie »beinahe mystisch«. Dolly war die erste – oder, wenn wir die Mutter mitzählen, die zweite – jener raffinierten, eleganten und flatterhaften Frauen, zu denen sich Joe hingezogen fühlte, Frauen, die grausame Züge hatten und eine Quelle des Unglücks waren. Diese frühe Leidenschaft hinterließ auch noch andere Spuren. In den nachfolgenden fünfundsiebzig Jahren ihres Lebens wurde Joe immer wieder von literarischen und künstlerischen Anwandlungen befallen. Wenn sie dichtete oder bildhauerte, stand das in einem seltsamen Kontrast zu ihrem ansonsten eher barschen und nüchternen Wesen. Typischer für sie waren die kleinen Spiele, die sie erfand, aufwendig inszenierte Streiche, mit denen sie ihre Freunde überraschte und neckte. Und wie Dolly schuf sie sich ein männliches Alter ego, mit dem sie auf »beinahe mystische« Weise verbunden war – eine Bindung, die sich als stärker erwies als alle ihre Beziehungen zu anderen Menschen.

3
Die Wirkung der Testikel

Während Joe Carstairs in Paris lernte, wie ein Mann zu leben, forschte ihre Mutter in einem anderen Teil der Stadt dem Geheimnis der Männlichkeit auf konkretere Weise nach.

1917 wurde die vierundvierzigjährige Evelyn Bostwick Laborassistentin bei Serge Voronoff, einem französischen Arzt russischer Herkunft, der am Collège de France wirkte. Zufällig war sie damit die erste Frau überhaupt, die zu diesem Institut zugelassen wurde.

Voronoff war mit 1,95 Metern ein außergewöhnlich großer Mann, er hatte dunkel umschattete Augen, einen buschigen Schnurrbart und ein herrisches Auftreten. Im Februar 1918 reichte der zweiundfünfzigjährige Professor zusammen mit seiner Assistentin bei der französischen Akademie der Wissenschaften eine Abhandlung über seine Forschungen ein, zu denen er sich durch die Kriegsereignisse veranlaßt sah. Das Werk trug den Titel: *Die intensive Beschleunigung der Heilung granulierender Wunden durch die Anwendung von Testikelgewebe*, und es führte aus, daß die beiden Autoren »Hunden, Schafen und Ziegen 74 Wunden zugefügt« und diese mit dem lebenden Gewebe verschiedenster Drüsen in Kontakt gebracht hatten. Sie testeten Schilddrüsen-, Nebennieren-, Bauchspeicheldrüsen-,

Milz- und Hodengewebe, um zu erforschen, inwieweit diese Drüsen den Heilungsprozeß beschleunigten.

In der Abhandlung gibt es ein Foto von Evelyn, die eine Ziege festhält. Die Ziege ist mit einem Tuch bedeckt, in das acht Löcher geschnitten sind, je vier zu beiden Seiten des Rückgrats. Aus der Erklärung geht hervor, daß der Ziege durch diese Löcher Wunden zugefügt worden waren, die dann mit dem Gewebe verschiedener Drüsen bedeckt wurden. Voronoff und Evelyn behaupteten unzutreffenderweise, mit ihren Experimenten die bemerkenswerte Heilkraft des Hodengewebes unter Beweis gestellt zu haben: »Die Wirkung des Testikelgewebes wird schon bei der allerersten Anwendung deutlich und übertrifft alle anderen Drüsen, mit denen wir experimentiert haben.« Unklar bleibt, ob Evelyn und Voronoff bewußt täuschten, ob sie gepfuscht hatten oder in einem Irrtum befangen waren.

Diese Experimente waren nur der Beginn einer gemeinsamen Forscherleidenschaft, die sich auf die männlichen Keimdrüsen kaprizierte. Serge Voronoff war auf dieses Thema gestoßen, nachdem er 1898 bei einem Aufenthalt in Kairo einige Eunuchen gesehen und über den Zusammenhang zwischen ihrer Kastration und ihrem Aussehen nachgegrübelt hatte. Er stellte fest, daß Eunuchen zur Fettleibigkeit neigten, glatte, bartlose Gesichtshaut hatten, vergrößerte Brüste, breite Hüften, Hängebacken, hohe Stimmen und eine bleiche Haut – und vor allem vorzeitig alterten, willensschwach und ohne Mut und Antrieb waren. Die Eunuchen, wie Voronoff sie beschrieb, waren groteske Zerrbilder alter Frauen, Schreckensbilder der

Vergreisung und der Verweiblichung. Der Besitz von gesunden Hoden, so schlußfolgerte Voronoff, konnte Männer vor beiden Übeln bewahren.

Auf den Grund gehen konnte er seinen Beobachtungen erst 1917, als er Evelyn kennenlernte. In ihr fand er eine treue Unterstützerin seines Anliegens. Nicht nur, daß sie ihn mit den nötigen Geldmitteln versah, sie war auch eine eifrige Experimentatorin. In einer neueren Biographie Voronoffs wird vermutet, daß sie ein wenig zu eifrig gewesen sein könnte: »Es sollte bedacht werden, daß Evelyn Bostwick, seine Assistentin, eine ehrgeizige Person ohne Laborausbildung war, und sie könnte allzusehr bemüht gewesen sein, die gewünschten Resultate zu erzielen.« Getrieben von ihren angeblichen Heilerfolgen, verpflanzten sie Hodengewebe junger Schafböcke in die Hoden alter Widder und stellten die Behauptung auf, daß sich dank dieser Manipulation alte, müde und träge Böcke in aggressiv-vitale Rammler mit dickem Fell und spritzigem Temperament verwandeln würden.

Als Voronoff 1919 seine Forschungsergebnisse veröffentlichte, deutete er an, daß auch Männer von Hodentransplantationen erstaunliche Wirkungen erwarten konnten, und entfachte damit eine gewaltige öffentliche Neugier: Die Möglichkeit einer sexuellen Verjüngung war gerade nach dem Krieg, als viele Frauen bei den älteren Jahrgängen auf Männersuche gehen mußten, von besonderer Aktualität. Die Schulmedizin verhielt sich skeptischer, hatte doch Voronoff nur anekdotische Beweise und wenige, kaum aufschlußreiche Fotografien zu bieten. Aber dank Evelyns finanzieller Unterstützung konnten die Experimente auch ohne öffentliche Förderung fortgesetzt werden. 1920 heiratete Voronoff seine Assistentin und führte die erste Transplantation vom Affen auf den Menschen durch. (Als Joe Carstairs einmal von einer Freundin gefragt wurde, ob einer der Männer ihrer Mutter sie wegen ihres Geldes geheiratet hätte, antwortete sie: »Ich glaube, alle.«)

Ein Mann und ein Affe wurden in einem Operationssaal auf zwei getrennte Tische gelegt, für jeden war ein Chirurg zuständig. Der Affe wurde unter Narkose gesetzt und rasiert, während der Mann an den Genitalien örtlich betäubt wurde. Dann wurde ein Affenhoden freigelegt und in sechs Scheiben geschnitten. Ein Hoden des Mannes wurde ebenfalls freigelegt und mit dem Skalpell mehrfach eingeritzt. Scheibe auf Scheibe wurde der Affenhoden herübergebracht und mit Katgut in den Hodensack eingenäht. Schließlich wurde alles mit Seide zugenäht.

Die ersten beiden Transplantationen, ausgeführt im Juni 1920, hatten ein katastrophales Ergebnis. Die Hoden beider Männer waren bereits durch Tuberkulose zerstört, und der Eingriff brachte die schlummernde Infektion erneut zum Ausbruch. Die Transplantate mußten schnell entfernt werden. Ein paar Monate lang konnten die Voronoffs das Scheitern ihrer Experimente vertuschen. Im Juli reisten sie, da Nellie Bostwick verstorben war, nach Amerika, und Evelyn lenkte geschickt von den Fragen der Reporter ab, die etwas über die neuesten Forschungsergebnisse Voronoffs erfahren wollten. »Ich bin sein Sprachrohr«, verkündete sie ihnen, »und alles, was ich über seine Arbeit mitteile, ist wie eine Mitteilung von ihm selbst zu werten.«

Ein Reporter der *New York Times* interviewte Evelyn. »Sie ist eine ziemlich kleine, hübsche Frau, die wie Anfang dreißig aussieht«, schrieb er, »obwohl sie, wie ich erfuhr, beträchtlich älter ist. Sie hat rötlichbraunes Haar, das sie in schlichter Manier trägt, und große, geistreiche, blaugraue Augen ... Sie war überraschend gut in ihrem Thema bewandert, und mein Staunen mehrte sich noch ob der Leichtigkeit ihres Ausdrucks und der Klarheit ihrer Gedanken.« Im selben Jahr erschien in New York Evelyns englische Übersetzung von Voronoffs Buch *Leben. Eine Methode zur Wiederherstellung der Lebensenergie und zur Verlängerung des Lebens.*

Im November begann Voronoff mit einer neuen Serie von Drüsentransplantationen und vermeldete bald sensationelle Erfolge: Seine Patienten, so behauptete er, hätten ihre Potenz, ihre geistigen Fähigkeiten und ihre Lebensenergie wiedergewonnen, in einzelnen Fällen habe auch der Haarwuchs wieder eingesetzt. Insbesondere brüstete er sich mit der erstaunlichen Verjüngung des vierundsiebzigjährigen Engländers Edward Liardet, der behauptete, nach der Operation wie neugeboren zu sein. Er betreibe jetzt Dauerlauf und Gewichtheben, und zum Beweis schickte er Voronoff Fotografien. Liardet war Alkoholiker, der 1923 im Delirium tremens starb. Möglicherweise waren Abstinenz und Rauchverbot, die Voronoff seinen Patienten auferlegte, Ursache der frappierenden Verwandlung. Medizinisch ist es jedenfalls ausgeschlossen, daß Affensekrete vom menschlichen Organismus angenommen werden oder gar die Wunderwirkungen vollbringen, die Voronoff ihnen zuschrieb.

Voronoff ließ sich bei seinen Experimenten von der Überzeugung leiten, daß die männlichen Keimdrüsen das Geheimnis der Verjüngung bargen, und Evelyn teilte diese Doktrin ohne Vorbehalt. Auch Joe Carstairs schien, obwohl sie Voronoff verabscheute, zu glauben, daß Männlichkeit und Jugend auf machtvolle Weise miteinander verquickt waren und daß sie mit ihrer Weiblichkeit auch ihre Sterblichkeit ablegen konnte. In eigener Person wollte sie die Manneskraft ersetzen, die der Erste Weltkrieg verschlungen hatte.

Joe Carstairs sprach nie über die medizinische Tätigkeit ihrer Mutter. Nur zwei Geschichten erzählte sie, die beide etwas Endgültiges haben und sich im Jahr 1918 zutrugen.

Evelyn hatte von den homosexuellen Beziehungen ihrer Tochter gehört und bestellte sie zu sich. »Auf ihre erhabene Art sagte sie: ›Komm mich bitte besuchen‹, und das tat ich dann auch. Im Hotel Majestic, wenn ich mich recht erinnere. Unter Drogen war sie ganz erträglich.«

»Ich weiß über dich Bescheid«, sagte Evelyn.

»Wirklich?« erwiderte Joe.

»Ja, du bist eine Lesbierin. Ganz Paris spricht schon davon!«

Joe solle sich zusammenreißen und heiraten, andernfalls werde sie enterbt, drohte ihr Evelyn.

»Dann werde ich dir was sagen«, entgegnete Joe. »Ich mag diesen Mann nicht, mit dem du verheiratet bist.

Und ich halte das Ganze für einen Horror. Für mich ist er ein Mörder. Wenn du mich loswerden willst, tu's nur. Das Geld ist mir scheißegal. Also sprich dein Urteil.«

»Wenn du nicht tust, was ich verlange«, erwiderte Evelyn, »dann verlaß dieses Zimmer.«

»Danke, Mutter«, sagte Joe und ging.

Diese Geschichte versah Joe mit einer merkwürdigen Ergänzung: Sie habe in Paris einen grauen, offenen Buick gefahren, ein Geschenk ihrer Mutter, das ihr nach dem Streit entzogen worden sei. »Ich liebte diesen Buick«, sagte Joe. »Natürlich, als ich mich mit meiner Mutter überwarf, war der Buick weg. Ich ging auch, und das war's.« In ihrer Formulierung ersetzt sie die Mutter durch den Buick. Sie liebt und verliert das Auto. Unbelebte Gegenstände waren ein wunderbarer Panzer gegen den Schmerz.

Da Voronoff und Evelyn erst im Jahr 1920 heirateten, kann es bei dem Streit von 1918 nicht um die Ehe der beiden gegangen sein. Es gibt weitere Ungereimtheiten in Joes Bericht, demzufolge sie ihrer Mutter die Stirn bietet, denn in Wirklichkeit scheint sie sich – zumindest formell – gebeugt zu haben. 1918 heiratete sie ihren Kindheitsfreund, den Grafen Jacques de Pret.

Joe dürfte diesen Bruch mit ihrer Mutter viele Male vollzogen haben, so daß sich die Erinnerungen ein wenig vermischten, bis eine Geschichte daraus wurde, in der sie selbst den entscheidenden Schritt tat, bevor es die Mutter tun konnte.

(Evelyn Voronoff starb am 3. März 1921 im Alter von achtundvierzig Jahren, am Tag nach Voronoffs elfter Affendrüsentransplantation. Sie hinterließ Spielschulden und, Joe zufolge, »gewaltige Zigarettenschulden«. Obwohl Evelyn wahrscheinlich an den Folgen ihres Alkohol- und Drogenkonsums starb, wurde ihr Tod auf natürliche Ursachen zurückgeführt. Joe Carstairs hingegen glaubte, daß Voronoff ihre Mutter getötet hatte. »Er war wie ein Geier«, sagte sie über ihn, »ein gruseliges Wesen. Er hat sie verdammt noch mal ermordet. Seine Arztfreunde mußten den Totenschein unterschreiben. Er hat ihr eine Überdosis verpaßt, weil er an das Erbe wollte. Es war zu einfach.« Beweise für diese Behauptung gab es nicht, aber Evelyns Hinterlassenschaft sicherte ihm bis an sein Lebensende ein üppiges Einkommen. Zehn Jahre nach Evelyns Tod heiratete er Gerti Schwarz, eine »Cousine« der Mätresse des rumänischen Königs Carol. In Wirklichkeit, so glaubte man, war sie die Tochter der Mätresse und des Königs. 1951 starb Voronoff; seine Affendrüsen waren mittlerweile endgültig diskreditiert.)

Wenn Joe den Grafen Jacques de Pret heiratete, um sich ihrer Mutter zu fügen, dann hatte ihr Gehorsam einen Stachel. Sie glaubte, daß der Graf mit ihrer Mutter ein Verhältnis hatte. Jacques stimmte Joes Heiratsvorschlag sofort zu und teilte sich mit ihr die Mitgift von zehntausend Dollar. Direkt nach der Hochzeit trennten sie sich im besten Einvernehmen. Noch im hohen Alter legte Joe Wert auf die Feststellung, daß sie die Ehe nie vollzogen hatte. Jacques de Pret, der einen gewissen Ruf als Frauenheld genoß, brauchte seinen Anteil an der Mitgift, um die Schulden zu begleichen, die ihm sein galanter Lebenswandel eingebracht hatte.

Joe kaufte sich auf der Stelle zwei prächtige Uniformen aus khakifarbener Barathea, einem Gewebe aus Wolle und Seide. Sie erinnerte sich lebhaft an diese Uniformen: Den Kragen konnte man abnehmen und wenden, wenn er schmutzig war, und gereinigt wurden sie in Benzin. »Ich dachte wirklich, ich würde damit Eindruck machen«, sagte Joe. »Ich dachte, ich würde damit unglaublichen Eindruck machen.« Aber die Frage, *welchen* Eindruck sie damit machte, schien Joe nicht zu kümmern. Sie wußte nur, daß sie etwas Besonderes war, und darauf kam es ihr an.

Folgende Geschichte erzählte Joe über ihren Vater: Als der Krieg im November 1918 zu Ende war, verließ sie Paris und ging nach London. Möglicherweise angetan mit ihrer feschen Kluft, suchte sie einen Offiziersklub in der Pall Mall auf. An der Bar fragte sie nach einem Albert Carstairs und trat auf ihn zu.

»Nun, junger Mann, was wünschen Sie?« fragte er.

»Ich bin Ihre Tochter, Sir«, erwiderte Joe.

Oberst Carstairs bestellte ihr einen Drink und bot ihr eine Zigarre an. Sie erzählte ihm, daß sie Voronoff verdächtige, ihre Mutter ermordet zu haben, und er antwortete darauf: »Laß die Finger davon. Das gibt nur Ärger.« Es war die letzte Begegnung mit ihm. Joe vermutete, daß er in Indien einer seltenen Krankheit erlag. (Das könnte im Jahr darauf geschehen sein, denn ab 1920 erschien sein Name nicht mehr im Verzeichnis der Reserveoffiziere.)

Diese Geschichte ihrer letzten Begegnung riecht deutlich nach Erfindung – sie erinnert eher an einen sentimentalen Film und wird durch das Motiv der

Geschlechtsverwechslung nur noch fragwürdiger. Vielleicht verblaßte der Gefühlsgehalt dieser Begegnung im Laufe der Zeit, bis von ihrer Melodramatik nur noch ein paar rituelle Floskeln übrigblieben. Auf die Einwirkung der Zeit mögen auch die anderen kleinen Unstimmigkeiten zurückzuführen sein: Albert Carstairs war nicht Oberst, sondern Major, und 1918 konnte Joe mit ihrer Haarfülle schwerlich als Mann durchgehen, zumal ihre Uniform aus Jacke und Rock bestand. Doch wie schon die Geschichte über ihre Mutter wird auch diese durch einen Zeitfehler zwingend widerlegt. Evelyn starb erst 1921, Joe konnte also unmöglich 1918 mit dem Vater über ihren Mordverdacht gesprochen haben. Zumindest dieser Teil war reine Phantasie.

Diese Geschichte, ob wahr, halbwahr oder erfunden, war Joe Carstairs kostbar, und sie erzählte sie immer wieder gern. Dem Bruch mit der Mutter folgte der Segen des Vaters. Die Begegnung mit dem Vater hatte sie zu einer Sterbebett-Szene stilisiert: Er vererbt ihr seine Zigarre, und sie tritt, gekleidet in ihre prächtige Uniform, seine Nachfolge an. Manchmal unterliefen ihr typische Versprecher, wenn sie von ihrem Vater redete. »Mein Vater ließ sich mit vier Jahren scheiden«, sagte sie etwa und schlüpfte mitten im Satz in die Person des Vaters. Oder: »Meine Mutter hatte vier Männer – als ersten mich.«

Diese letzten Begegnungen hatten Symbolcharakter für Joe Carstairs. Mit ihrer Art, sich zu erinnern, gedachte sie ihrer Eltern – und schaffte sie zugleich ab.

4

Wozu denn Spiegelei mit Schinken?

Da der Erste Weltkrieg vorüber war, hielt Joe Carstairs nach einem neuen Schlachtfeld Ausschau, und sie fand es in Irland, wo die Sinn Fein einen sporadischen Guerillakrieg gegen die Briten führte. Joe trat in die Frauenkompanie des Transportbataillons ein, eine Truppe von vierzig jungen Frauen, die in Dublin den britischen Offizieren als Chauffeusen dienten.

Dort schloß sie feste Freundschaft mit Barbara »Bardie« und Molly Coleclough, einundzwanzig und zweiundzwanzig Jahre alt. Ihren Dienst hatten sie zwei Jahre zuvor, kurz nach der Aufstellung der Kompanie, angetreten. Nach Mollys Worten waren die beiden Schwestern »dem Motorfieber und dem Tatendrang verfallen«. Molly und Bardie, in einer Klosterschule erzogen, waren abenteuerlustige junge Frauen, die entschieden aus dem Rahmen fielen. Besonders Bardie hatte einen streitbaren und rebellischen Charakter. Jahre später befanden ihre Nichten, »daß sie eigentlich ein Junge hätte werden müssen«. Joe verpaßte ihr den Spitznamen »Miss Allwissend«: »Sie wußte alles, und sie machte alles.«

Joe Carstairs hingegen hieß bei den Mädchen Tuffy de Pret. »Unsere erste Begegnung war typisch für sie«, schrieb Molly in ihren Memoiren. »Sie reichte mir ein

Zigarettenetui aus Platin und Gold, das sich als leer erwies. Also rauchten wir meine Zigaretten!« Joe war weder zu hohlem Protz noch zu Kleinlichkeit im Umgang mit Geld geneigt, das »Typische« an dieser Geste war wohl die Mischung aus Großspurigkeit und Selbstzurücknahme. Sie prahlte gern, aber ebenso gern zeigte sie sich von ihrer zuvorkommenden Seite.

Molly und Bardie brachten Joe in ihrer Bude unter. Sie schlief auf einem Feldbett und deckte sich mit den Mänteln der beiden Mädchen zu. Zum Frühappell in der Kaserne kam sie fast immer zu spät, oft sah man sie mit losen Schnürsenkeln durch die Straßen Dublins hasten, das Frühstückspaket in der Hand, und die letzten Meter schaffte sie, indem sie auf einen der damals in Dublin verbreiteten Einspänner aufsprang. Ihr langes Haar hatte sie zu einem Knoten gesteckt, der nach Mollys Beschreibung aussah »wie ein Igel oder ein Nadelkissen – mit Nadeln gespickt, die nach allen Richtungen wegstanden«. Joe befreite sich bald von der lästigen Haarpracht und blieb zeitlebens ihrem kurzen Herrenschnitt treu. Ein paar Mädchen in Dublin trugen das Haar bereits kurz. Bardie hatte sich gleich nach dem Eintritt in die Frauenkompanie die Haare stutzen lassen und wäre deshalb von dem Oberst, den sie fahren mußte, beinahe entlassen worden. »Sie gewöhnte sich auch das Tragen von Männerstiefeln und Wickelgamaschen an«, schrieb Molly, »aus Gründen, die ich nie verstand.«

Der Dienst von Joe und den beiden Schwestern fiel in die relativ ruhige, aber ungemütliche Zeit zwischen dem Osteraufstand von 1916 und dem Blutsonntag von 1920, in der die antibritischen Gefühle ständig explosiver wurden. Die Freiwilligen, aus denen sich später die IRA bildete, gewannen an Stärke und beschafften sich Waffen, indem sie Hinterhalte legten, Streifen überfielen und Polizeistationen ausraubten. Im Januar 1919 töteten sie zwei Polizisten und entkamen mit ihrer Beute, einer Ladung Nitroglyzerin. Dieser Überfall löste die nachfolgenden Unruhen aus.

Die Arbeit der Chauffeusen wurde gefährlich, weil die Republikaner die Wagen der Offiziere überfielen und mit heißem Teer bewarfen. Doch in Joes Erinnerung war es eine fröhliche Zeit. Sie sprach von Pokerspielen und übermütigen Streichen. Eines Nachts während der Ausgangssperre schlichen sich die Mädchen aus der Kaserne und stahlen eine Flagge der Sinn Fein. In ihrer Freizeit machten sie mit einem zerbeulten Auto Ausflüge in das Hügelland bei Dublin, um Seen und Landhäuser zu besuchen. In der Kaserne holten sie sich das Essen aus einem Speiseautomaten. Man steckte eine Sixpence-Münze hinein, und heraus kam eine Portion Kartoffelbrei mit Würstchen. Über diese Art von Ernährung sangen sie ihre Spottlieder: »What do you want with eggs and ham / when you've got drainpipes in your lamb?« (Etwa: Wozu denn Rührei mit Schinken, wenn im Lammkotelett die Abflußrohre blinken?)

Anfang 1919 meldeten sich zwölf Mädchen aus Dublin, unter ihnen auch Joe, Molly und Bardie, als Freiwillige, um männliche Kraftfahrer in Nordfrankreich abzulösen. Es gab viel zu tun: Die Schlachtfelder mußten geräumt werden, Kriegsgefangene bewacht, Hospitäler versorgt, Tote begraben, Städte wiederaufgebaut.

Die 800 Kilometer lange Ostflanke Frankreichs war durch den Krieg verwüstet worden. Plantagen, Wälder, Kanäle und ganze Dörfer waren dem Erdboden gleichgemacht, und an manchen Stellen war auch die Erde selbst verschwunden, es gab Hügel, die zehn Meter ihrer Höhe eingebüßt hatten.

Die erste Gruppe von Fahrerinnen schiffte sich am 18. Juni nach Frankreich ein, bis Ende Juli war die Zahl der weiblichen Einsatzkräfte auf zweihundertfünfzig angewachsen. Molly und Bardie landeten in Boulogne und bezogen ein Lager in Wimereux. »Eine Vorhut war dort schon angekommen«, schrieb Molly, »darunter auch de Pret, der man gesagt hatte, sie wäre zu jung, um in Frankreich als Kraftfahrerin zu arbeiten. Sie war mopsfidel und versorgte alle mit schimmligem Brot, mit Margarine, Trockenmilch und Marmelade, die nach Paraffin schmeckte!« Wie Pfadfinderinnen auf großer Fahrt genossen sie die Strapazen und die Abenteuer, die sie gemeinsam zu bestehen hatten. Joan Mackern, die sich mit Joe und den Colecloughs in Frankreich befreundete, erinnerte sich in ihren unveröffentlichten Memoiren an ein Hotel in Wimereux, in das sie einquartiert wurde und das vorher als Lazarett gedient hatte. »Vor dem Abendessen mußten wir alle auf den Knien die vor Schmutz starrenden Dielen scheuern, auf denen sich große Lachen von verkrustetem Blut befanden. Am nächsten Tag gingen wir an den wunderschönen Strand, wo wir badeten und uns in der Sonne aalten.« 1917 hatte Joan während eines Bombenangriffs eine Ordonnanz zum Munitionsministerium chauffiert und war »für ihren Mut und ihre

Pflichttreue unter ernster Lebensgefahr« zum »Officer of the British Empire« ernannt worden. Hinten im Auto fuhr ein Soldat mit, der unter Kriegspsychose litt und vor Angst zitterte und weinte. Es war das erste Mal, daß sie einen Mann weinen sah.

Von Wimereux wurden die britischen Fahrerinnen nach Béthune versetzt (wo sie in Mannschaftszelten schliefen), von dort nach Hersin-Coupigny (wo sie in Blockhütten im Wald unterkamen) und dann nach Valenciennes (wo Wellblechbaracken auf sie warteten). Im Lager Béthune, einem ehemaligen Flugplatz, parkten sie ihre Sanitätswagen in den Hangars, in denen die Bombenflugzeuge gestanden hatten. Die »Chinks«, wie man die chinesischen Hilfskräfte in den Lagern nannte, verzierten die Granathülsen, die sie auf den Schlachtfeldern fanden, mit Brandmustern und verkauften sie als Andenken an die englischen Mädchen, die ihrerseits ebenfalls von den Überbleibseln des Kriegs Gebrauch machten. Joe trug einen Mantel, der dem gefallenen Bruder einer Freundin gehört hatte.

Mit ihren Sanitätswagen verlegten die Engländerinnen verwundete Soldaten aus den verbliebenen Feldlazaretten in die großen Krankenhäuser. Sie verkauften die Behausungen der britischen Armee an Franzosen, die der Krieg obdachlos gemacht hatte. Sie beförderten die chinesischen Hilfskräfte und die deutschen Kriegsgefangenen zur Arbeit und zurück. Und sie chauffierten die Offiziere, die mit der Beseitigung der Munitionsreste und mit der Bestattung der im Feld gefundenen Kriegstoten auf Soldatenfriedhöfen beauftragt waren. Millionen Gefallene lagen verschüttet oder nur notdürftig verscharrt auf den Schlachtfeldern. Wohin die englischen Mädchen schauten, sahen sie tote, verkrüppelte, versklavte Männer, Männer, die so geschwächt waren, daß sie sich nicht mehr ohne die Hilfe der Frauen bewegen konnten.

Das Fahren erforderte Kraft und Geschicklichkeit. Die massigen Fahrzeuge lenkten sich schwer, die Bremsen waren unzuverlässig, die Motoren dröhnten wie Dreschmaschinen, und die ganze Fuhre konnte umkippen, wenn man eine Kurve zu forsch anging. Die Straßen waren voller Schlaglöcher, oder es ging querfeldein durch das zerwühlte Gelände, durch Morast und verbrannte Erde, über verschüttetes Kriegsgerät, vorbei an geborstenen Bäumen, Stacheldrahtverhauen, Granattrichtern, Unterständen und Schützengräben. Der Kriegsmüll war überall. Die Frauen fuhren durch die Trümmer von Ypern, von Lens und Douai. Ständig kam es zu Reifenpannen, Bremsen versagten und Federn brachen. Die Reparaturen machten die Frauen selbst.

Joe, Bardie, Molly und Joan hackten Holz für ihre Öfen und Badezuber; abends reparierten sie, gekleidet in Overalls und blaue Baskenmützen, ihre Autos in der Schlosserei. Joe trug die Uniform mit Begeisterung, und der Baskenmütze blieb sie die zwanziger Jahre hindurch treu. Daß sie damit eine männliche Identität annahm, bereitete ihr keine Kopfschmerzen. Die Männersachen trug sie aus praktischen Gründen, und aus ebenso praktischen Gründen blieb sie dabei – was nicht ausschließt, daß sie es genoß, in gewisser Weise Aufsehen zu erregen. In Frankreich war sie als »Klep« bekannt, weil sie alles einsteckte, was ihr gefiel.

Einmal schrieb sie »Kleptomane« an eine Baracke und wurde von einer anderen Frau, die hinter dem Wort »etwas Widerwärtiges« vermutete, bei der Lageraufsicht angezeigt.

Die Arbeit war überwiegend strapaziös und deprimierend, trotzdem waren die Mädchen guter Dinge; sie gingen schwimmen, veranstalteten Picknicks, schauten den Offizieren beim Polo zu, machten heimliche Spritztouren nach Paris, hörten Schallplatten, pokerten bis spät in die Nacht und tranken Balsac dazu. Obwohl es gegen das Reglement verstieß, fuhren sie mit den Sanitätsfahrzeugen zum Essen in die Städte der Umgebung. Sie besuchten auch die Patisserie in Arras, das erste Geschäft, das in der zu achtzig Prozent zerstörten Stadt wieder öffnete. »Madame führte uns in ihr kleines Hinterzimmer, um uns zu verstecken«, schrieb Joan Mackern, »und dann brachte sie uns die Tassen mit dem Kaffee oder der dampfenden Schokolade und die Teller mit den köstlichen Kuchen und Kirschtörtchen.« Für die Frauen war das eine goldene Zeit der Befreiung. Die alte Welt war ausgelöscht, und sie errichteten eine neue nach ihren eigenen Vorstellungen.

Joes persönliches Bestreben, die Vergangenheit abzustreifen und sich neu zu definieren, stand im Einklang mit dem Klima der Nachkriegszeit: Es galt die Toten zu begraben und die Schäden zu beseitigen. In ihren Erinnerungen und denen ihrer Freundinnen findet der Erste Weltkrieg mit seinen Schrecken kaum Erwähnung. Sehr wohl aber erinnerten sich die Mädchen an ihre Angst vor den chinesischen Hilfsarbeitern.

Eines Nachts erkundeten Molly, Bardie und Joe die

Bunkeranlagen von Arras, obwohl ihnen das streng verboten war. Im Krieg hatten zwanzigtausend Entente-Soldaten im Labyrinth der Tunnel und Höhlen unterhalb der Stadt Schutz gefunden, während die Stadt selbst in Schutt und Asche gelegt wurde. Im Bunker war es dunkel, feucht und glitschig. »Es war ein kurzes Abenteuer«, schrieb Molly. »Wir stiegen nach unten und tasteten uns voran, als wir plötzlich Lichter sahen, die auf uns zukamen. Wir machten auf dem Absatz kehrt und rannten, was das Zeug hielt, zum Einstieg zurück. Als wir fast oben waren und nach unten blickten, sahen wir etliche ›Chinks‹ mit Fackeln, die zu uns hinaufstarrten. Wir sind nie wieder auf die Idee verfallen, die Bunker zu besichtigen. Aber ich frage mich noch heute, was für finstere Machenschaften sich in diesen unterirdischen Gängen abspielten.«

Die Frauen waren mit den Chinesen zusammengestoßen und vor ihnen zurückgeschreckt – fasziniert und schaudernd. Die Chinesen, pockennarbig und zerschründet wie die französischen Schlachtfelder, schienen ein Teil der unheimlichen Unterwelt zu sein, in der Krieg und Tod hausten und wohin die Mädchen aus purer Neugier vorgedrungen waren.

Wie auch die Fahrerinnen arbeiteten die Chinesen an der Beseitigung der Kriegsschäden, hatten aber im Unterschied zu ihnen das blutige Schlachten noch miterlebt. Von 1917 bis Anfang 1918 hatten die Engländer hunderttausend Chinesen aus Schantung nach Frankreich befördert, wo sie hinter den Linien Hilfsdienste leisten mußten und wo ihnen nun der härteste Teil der Aufräumungsarbeiten zugewiesen war – sie mußten die

Stacheldrahtverhaue entfernen, die Granattrichter auffüllen, die Überreste der Toten zusammentragen. Nach Mollys Erinnerung hatten die Mädchen »im allgemeinen ziemliche Angst« vor den chinesischen Arbeitern. »Das war eine buntscheckige Bande, und alle hatten sie irgendwann einmal die Pocken gehabt, die Armen … Es ging bei ihnen aber auch lustig zu, es kam vor, daß sie sieben oder acht Hüte übereinander trugen, alle von unterschiedlicher Form und Farbe.« Joan Mackern befand etwas herzloser: »Insgesamt waren sie faul und nichtsnutzig«, und sie fügte hinzu, daß es fast zu Mord und Totschlag kam, wenn ein Mädchen dem einen Chinesen für eine verzierte Granathülse mehr zahlte als dem anderen. Molly hatte ähnliche Erfahrungen gemacht: »Einer drohte, er würde mich erdolchen, weil ich eine Granathülse bei ihm bestellt hatte, die ich aber nicht nahm, weil er sie zu schwarz gebrannt und damit verdorben hatte. Ständig hörte man, daß wieder einer von ihnen ermordet aufgefunden wurde.« Wenn Molly auf ihren Landfahrten bei der Suche nach einer Unterkunft die Erfahrung machte, daß die Franzosen, bei denen sie anklopfte, die Tür nicht öffneten, schob sie das auf deren Angst vor »marodierenden Chinesen«. Das Stadtarchiv von Arras dokumentiert aus dem Jahr 1920 neun Fälle, in denen gegen Chinesen Mordanklage erhoben wurde, doch »marodiert« haben die Chinesen gewiß nicht. Eher beeindruckten sie durch ihren Stoizismus und ihren Fleiß. Wenn die Engländerinnen sie abstoßend und furchterregend fanden, dann vielleicht deshalb, weil sie ihnen wie Symbole oder Verkörperungen eines häßlichen und grauenvollen Krieges vorkamen.

Am 23. April 1920 wurde die Frauentruppe aufgelöst. Als die Mädchen auf der Victoria Station aus dem Zug stiegen, wurden sie mit geschmückten Kremserwagen empfangen. Am Abend führte Joe ihre Freundinnen Molly und Bardie und Joan Mackern ins Theater. Sie gingen ins Empire und sahen das amerikanische Musical *Irene*, danach übernachteten sie alle im Hotel Jermyn.

Joe zahlte Bardie eine lebenslange Rente, und sie schrieben sich regelmäßig. Selbst als sie schon über achtzig waren, kamen sie immer wieder auf den Ausflug in die Unterwelt von Arras zurück. »Klep! Denk an unser Abenteuer in Arras, wo wir in den Tunnel stiegen … und die Tür aufstießen zu dem Raum, in dem die Fackeln brannten und der voller chinesischer Mörder war. Wie wir da gerannt sind … Wir hätten auf Nimmerwiedersehen verschwinden können!«

Aus Frankreich zurückgekehrt, hungerten sie nach männlichen Betätigungen. »Der Krieg hat sie vermännlicht«, schrieb Colette über die Französinnen. »Er kleidete sie in das kurze Gewand des Eliacin*, mit ihrem gestutzten Haar sahen sie aus wie Treppenpfosten, und die Frisuren waren angeklebt wie bei argentinischen Tänzern.« Im Unterschied zu den Männern, die erschöpft und blessiert aus dem Krieg zurückgekommen waren, kehrten die Frauen gestärkt heim, strotzend vor Tatendrang und Ehrgeiz.

* Gestalt aus der Tragödie *Athalie* von Racine. Ein Königskind, das vom Tod errettet wird und durch Not und Entbehrung zu neuen Würden kommt.

5

Eine unbekannte Größe

Joes Großmutter Nellie Bostwick überlebte fünf Herzinfarkte, bis sie am 27. April 1920 im Alter von siebenundsiebzig Jahren in New York an ihrem sechsten Infarkt starb, vier Tage nach Joes Entlassung. Sie hinterließ dreißig Millionen Dollar. Die Großmutter hatte für Joe gesorgt, doch da die Testamentsvollstreckung auf sich warten ließ, war sie auf einmal fast völlig mittellos. Die plötzliche Geldverlegenheit brachte sie nicht aus der Fassung. »Ich war *äußerst* glücklich«, erinnerte sich Joe. Sie arbeitete als Barmann in Margate und als Vorführkraft im Londoner Autosalon von Bugatti. Sie half zusammen mit Molly und Bardie Coleclough auf einer Hühnerfarm bei Bournemouth, die dem Bruder der beiden gehörte, und verkaufte die Eier an die Cunard-Line in Southampton. Joe hauste in einem Wohnwagen und in kalten, gasbeleuchteten Mietzimmern, zur Arbeit fuhr sie mit einem Motorrad. Manchmal war sie so hungrig, daß sie ihrem Spitznamen Klep alle Ehre machte und sich das Notwendige in den Geschäften zusammenstahl. »Ich fand, daß ich es einfach nötig hatte, also sah ich nichts Unrechtes darin«, sagte sie. Joe schuf sich ihre eigenen Gesetze, setzte sich ihre eigenen Grenzen und scherte sich nicht viel um die Rechte der anderen.

Unter wirklichem Geldmangel mußte sie nie leiden; Großmutter Nellie hatte zwei Treuhänderfonds für sie eingerichtet. Der erste von 1918 war möglicherweise eine Reaktion darauf, daß Evelyn ihre Tochter verstoßen hatte. 1921 betrug Joes Einkommen 145000 Dollar, im Jahr darauf stieg es auf über 200000 Dollar. Ihre Armut war eine Phantasie, die genauso anspornend auf sie wirken sollte wie die Entbehrungen der Kriegsjahre. Um diese goldene Zeit zu verlängern, heckte sie einen Plan aus, der prompt in die Tat umgesetzt wurde: Sie, Molly, Bardie und Joan Mackern warfen ihr Geld mitsamt den Abfindungen, die ihnen die Armee gezahlt hatte, in einen Topf und gründeten in London ein Fuhrunternehmen.

Die »X-Garage« – das X stand, wie Joe erklärte, für eine unbekannte Größe – war in der Nähe von Cornwall Gardens im Stadtteil Kensington gelegen. Die Mädchen bezogen eine Wohnung über den Garagen, in einem umgebauten Stallgebäude am Ende einer kopfsteingepflasterten Sackgasse. Sie kauften mehrere sechssitzige Daimler-Halblandauer – edle und prunkvolle Karossen. Der Werbeprospekt, mit dem sie ihr Geschäft einführten, zeigt ein Mädchen mit Jackett, Krawatte und Chauffeurmütze am Steuer, und über dem Bild ist eine Empfehlung abgedruckt, die ihnen der Offizier Sir Ernest Birch bei der Entlassung aus der Armee ausgestellt hatte. »Ich habe stets und in allem Ihren Schneid bewundert«, hatte Sir Ernest geschrieben, »Ihre Initiative, Ihren Fleiß, Ihre exzellenten Fahrkünste und Ihren Frohsinn.«

Diese Frauen hatten im ersten Krieg des Maschinenzeitalters den Umgang mit der Technik gelernt. »Gott weiß, daß ich ein verdammt guter Fahrer bin«, bescheinigte sich Joe. Im Prospekt stand zu lesen, daß sie dank ihrer Kriegserfahrungen mit den Straßen Irlands, Großbritanniens, Frankreichs und Belgiens vertraut seien, daß sie französisch, italienisch und deutsch beherrschten. (Bardie und Molly hatten ihre Sprachkenntnisse aber wohl eher in der Schule als auf den Schlachtfeldern erworben.) Sie fuhren Touristen zu den Heldenfriedhöfen in Frankreich und Belgien und zogen frohgemut Profit aus dem Andenken an die Gefallenen, die ihnen den Weg in ihre Männerberufe freigemacht hatten. Im Angebot waren auch Ferienfahrten nach Irland, nach Wales, zum Lake District, nach Devon und Cornwall und zu den schottischen Lochs. Die 2500 Kilometer lange Tour durch Irland dauerte zwanzig Tage und kostete 134 Pfund, womit die Kosten für fünf Fahrgäste einschließlich Logis gedeckt waren.

Die Frauen waren auf jede Fahrt, ob nah oder fern, eingerichtet. Bardie und Joan machten die Portiers der besseren Londoner Hotels zu ihren Agenten, indem sie ihnen eine zehnprozentige Provision für jeden erfolgreich vermittelten Fahrgast versprachen. Das Savoy erwies sich als besonders gewinnbringend, und oft fuhren die Mädchen Hotelgäste aus dem Theater ins Hotel zurück. Eines Nachmittags um vier kam ein Telegramm mit dem Auftrag, in weniger als einer Woche eine amerikanische Familie aus Neapel abzuholen. Um halb sechs war Bardie bereits im Daimler unterwegs. Als sie in Neapel ankam, stellte sich heraus, daß das Kind der Familie sich weigerte, über lange Strekken im Auto zu sitzen. Also stieg die Familie immer wieder in den Zug um, und Bardie fuhr voraus, um sie am nächsten Zwischenstopp in Empfang zu nehmen.

Die Frauen hatten ihre Freude an den Überraschungen und Absonderlichkeiten, die das Fuhrgeschäft mit sich brachte. Bei Zeitungsinterviews konnten sie stets mit einer lustigen Anekdote aufwarten. Eins der Mädchen fuhr einen exzentrischen Amerikaner und seinen Sekretär in einer sechsmonatigen Tour durch Frankreich, Spanien, Marokko und Tunesien. Der Mann verkündete, daß er seinen Kragen erst dann wechseln werde, wenn er eine bestimmte Seite seines Buches erreicht habe. Und er blieb stur bei seiner Drohung, auch als sich zeigte, daß die Fahrt für eine zügige Lektüre viel zu chaotisch verlief. Das Chaos rührte zum einen daher, daß viele Hotels, die sie aus einem veralteten Baedeker herausgesucht hatten, im Krieg zerstört worden waren, zum anderen ergaben sich weitere Komplikationen aus dem zwanghaften Aberglauben des Amerikaners. In jeder dritten Woche des Monats zum Beispiel bestand er auf einem großen Hotel, um ein Zimmer mit der Nummer 333 buchen zu können, in der vierten Woche mußte es die Nummer 444 sein.

Eine Gruppe von Bergleuten aus Südwales mietete jedes Jahr zwei Wagen, um zum Pferderennen nach Derby zu fahren. Für dieses Vergnügen sparten die Bergleute das ganze Jahr, die passende Garderobe liehen sie sich bei den Gebrüdern Moss. Ein Kellner des Savoy reiste mit und servierte einen üppigen Lunch mit Lachsmayonnaise, Wein, Huhn, Erdbeeren und

Schlagsahne, an dem auch die Chauffeusen teilnahmen.

Zu den illustren Kunden der X-Garage zählten auch James Barrie, der Autor des *Peter Pan*, und der Sultan von Perak. Als der Sultan mit seiner inoffiziellen Frau anreiste, fuhren ihn die Mädchen von der X-Garage zu allen Besuchsterminen, auch zum Lunch mit dem Prince of Wales im St. James Palace. Der Sultan schenkte seinen Chauffeusen silberne Zigarettenetuis und hinterließ bei ihnen die Bestellung eines Minerva-Wagens, der als Geschenk für den Radscha Premaseri bestimmt war. Der Wagen sollte in hellem Lila lackiert und mit violetten Satingardinen ausgestattet werden, auf der Tür sollte groß wie ein Servierteller das fürstliche Wappen in Grün und Gold prangen. Zum Abschluß seines Besuchs bat er Joan, seine Polo-Ponys nach Marseille zu transportieren.

Weibliche Chauffeure waren etwas so Außergewöhnliches, daß die Kunden oft unsicher waren, ob sie ihre Fahrerinnen wie Dienstboten oder wie Gleichgestellte behandeln sollten. Mal wurden sie in den Salon gewiesen, um das Geld in Empfang zu nehmen, mal in die Küche. Eine Fahrerin, die eine Gesellschaft zum Picknick chauffierte, bekam nichts zum Essen angeboten, bis ein Sahnetörtchen zu Boden fiel. Die Gastgeberin hob es auf, wischte den Schmutz ab und reichte es der Fahrerin mit den Worten: »Das macht Ihnen doch nichts aus, meine Teure, oder?«

Die Verwirrung hinsichtlich ihres gesellschaftlichen Status bereitete Joe Vergnügen. Sie war eine Frau, die sich als Mann verkleidete, eine reiche Erbin, die sich als Dienerin tarnte. Solche Rollenspiele reizten nicht nur ihren komödiantischen Sinn; es machte ihr Spaß, die Leute zu verunsichern und zu foppen. Hinter dem Steuer war sie die Dienerin ihrer Kunden, und zugleich besaß sie Macht über sie. Obwohl sie und ihre Kolleginnen in einem gewissen Rahmen Befehle entgegennahmen, genossen sie eine Unabhängigkeit, von der die großen Damen, die sie umherfuhren, nur träumen konnten. Die Zeitungen bildeten sie in ölverschmierten Overalls ab, als lachende Mechanikerinnen, die Reifen wechselten und Motoren zerlegten. Sie erklärten den Reportern, daß sie nicht gedächten, Männer einzustellen. »Nachdem wir es mit Männern und mit Frauen versucht haben«, verkündete Joan Mackern, »sind wir zu der Erkenntnis gekommen, daß Frauen anpassungsfähiger und zuverlässiger sind.«

In den frühen zwanziger Jahren wurden solche Sätze in der Zeitung noch mit Humor quittiert. Diese Frauen, die sich schließlich im Krieg bewährt hatten, wurden als schwungvolle, moderne Mädchen bewundert. Infolge des Krieges gab es zwei Millionen mehr junge Frauen als Männer in Großbritannien, und daher schien es nur natürlich, daß sich ein paar von diesen »überflüssigen« Frauen, die es schwer hatten, einen Mann zu finden, in traditionellen Männerberufen versuchten. Aber nur wenige Jahre später schon begegnete man den tollkühnen jungen Frauen, die der Weltkrieg ausgebrütet hatte, mit Angst und Mißtrauen.

Für den eigenen Bedarf kaufte sich Joe einen zweizylindrigen Triumph, in dem sie mit Bardie die Straßen von Devon und Cornwall unsicher machte, dann einen Sunbeam, mit dem sie eine Fahrt nach Sizilien unternahmen, schließlich vier silbergraue Rolls-Royce, die wesentlich schicker und moderner wirkten als die Daimlers. In Südfrankreich betrank sie sich mit ihrem Halbbruder Frank, dem sie in kameradschaftlicher Rivalität verbunden war, und fuhr gegen seinen Rolls-Royce um die Wette. Sechzig Jahre später erinnerte sich Bardie, wie Joe zu dieser Zeit war: »lebensprühend, heiter und verrückt«.

Die Risiken des Autofahrens waren Joes Lebenselixier. Sie liebte die Geschichten, in denen sie um Haaresbreite dem Tod entging. In einer Londoner Regennacht von 1921 ließen sich die Freundinnen von einer Party nach Hause fahren, der Fahrer nickte ein und fuhr vor einer Kapelle in Brompton gegen eine Laterne. Joan wurde ohnmächtig und erbrach sich auf ihr blaßblaues Abendkleid. Molly und Bardie wurden mit Schock und kleineren Verletzungen in ein Krankenhaus eingeliefert. Doch Joe, obwohl von Glassplittern böse zerschnitten, weigerte sich, in den Krankenwagen einzusteigen, und humpelte aus vielen Wunden blutend davon. Als sie zu Hause war, rief sie ihren vierundachtzigjährigen, längst pensionierten Kinderarzt an und bat ihn um Hilfe. »Er kam die Treppe heraufgeflogen«, erzählte Joe. »Im Schein der elektrischen Garagenlampe flickte er mich zusammen.« Dann verschrieb er ihr Ochsenblut zum Trinken und eine zweiwöchige Erholungskur.

In den frühen zwanziger Jahren bewohnte Joe ein abgelegenes Anwesen in der Nähe der Coleclough-Farm in Hampshire, das luxuriös und primitiv zugleich war. Sie baute zwei ausgemusterte Armeebaracken zu einem großen Bungalow um und taufte ihn Bostwick. Diese Villa Bostwick war bereits ein Vorgriff auf die abgeschiedene Fluchtwelt, die sie sich später auf den Bahamas einrichtete. Das Wohnzimmer hatte ein großes Fenster mit Blick auf das Meer und die Isle of Wight. Sie ließ sich Orchideen und einen Obstgarten pflanzen und einen großen Steingarten anlegen. Dazu kamen Ställe, Garagen, ein Tennisplatz, ein Crocket-Rasen, ein Swimmingpool und Gästehäuschen mitsamt Telefonanlage. Um das Anwesen zu unterhalten, stellte sie zahlreiches Personal ein, unter anderem einen Chauffeur, mehrere Stallburschen und sieben Gärtner.

Als Bardie Coleclough mit ihrem Neffen und ihrer Nichte zu Besuch kam, schenkte Joe dem Jungen Aufziehautos und dem Mädchen Puppen, beide Kinder spielten mit einem Boot zum Aufziehen im Swimmingpool. Auch Joe spielte mit Booten. Ihr erstes, eine imponierende Segeljacht, hieß *Sonia*, und Joe bezeichnete sie bewundernd als »ein wirklich schreckliches Mädchen«. Joe selbst war bald eine meisterhafte Seglerin. Sie gewann eine Regatta bei Harwich, obwohl sie unterwegs über Bord fiel, und 1924 gewann die *Sonia* fast jeden Cup ihrer Klasse.

Im selben Jahr erhielt Joes Vermögen kräftigen Zuwachs. Das Testament ihrer Mutter und das ihrer Großmutter wurden nach dreijährigem Rechtsstreit endlich vollstreckt. Evelyns zweiter und vierter Ehemann, Francis Francis und Serge Voronoff, hatten die sie betreffenden Verfügungen angefochten, auch Joe hatte geklagt. Evelyn hatte Joe ihre persönlichen Wertpapiere vererbt und alle Einkünfte aus dem übrigen Vermögen Voronoff vermacht, von dem sie nach dessen Tod auf Joe übergehen sollten. Joe forderte zusätzlich einen Fonds für sich, den ihre Mutter als ehelichen Unterhalt für sie eingerichtet hatte. Francis und Voronoff führten dagegen ins Feld, daß dieser Anspruch mit der Annullierung der Ehe zwischen Joe und Jacques de Pret im Jahr 1921 hinfällig geworden sei. (Vermutlich hatte Joe mit der Annullierung der Ehe bis nach dem Tod der Mutter gewartet, damit diese ihr den Unterhaltsfonds nicht streitig machen konnte.) Francis forderte zudem die Hälfte des gesamten Vermögens für seine Kinder Sally und Francis jr. Der 1924 erzielte Kompromiß brachte Joe in den Genuß ihres Ehefonds, Voronoff erhielt die ihm bestimmten Einkünfte (etwa 325000 Dollar jährlich), die nach dessen Tod unter Joe und ihren Halbgeschwistern Sally und Frank aufgeteilt werden sollten. Im selben Jahr bekam Joe auch die Verfügungsgewalt über den großen Fonds, den Nellie Bostwick für sie errichtet hatte.

Jetzt konnte Joe es sich leisten, ihre zwei Geliebten zu heiraten: die Motorkraft und das Meer. 1925 gab sie ein Motorboot in Auftrag – mit allen Schikanen, die für Geld zu haben waren.

6

Die Härte des Wassers beim Aufprall

Bevor die Motoren aufkamen, hatten die Schiffe das Wasser so langsam und so tief durchpflügt, wie es durch ihr Gewicht vorgegeben war. Als aber gegen Ende des 19. Jahrhunderts die ersten Boote mit Verbrennungsmotoren ausgerüstet wurden, ließen sich die Geschwindigkeiten nicht nur durch die bloße Schubkraft steigern: Bei der Beschleunigung hob sich der Bootsrumpf aus dem Wasser, so daß er die Wasserfläche, statt sie zu durchpflügen, nur noch ritzte. Die ersten Erfolgsmodelle dieses Bootstyps, Hydroplan genannt, entstanden zu Beginn des 20. Jahrhunderts. Die Hydroplane oder Gleitboote hatten eine geglättete, stufenförmige Bodenfläche, die das Boot bei der Beschleunigung aus dem Wasser hob und das Wasser so zerteilte, daß es kaum noch mit dem Bootskörper in Berührung kam. Bei niedrigen Geschwindigkeiten waren diese langen, schlanken Boote schwerfällig, aber wenn sie ihr ideales Tempo erreichten, flogen und hüpften sie über das Wasser wie flache Kieselsteine.

Die Gleitboote waren aber nicht nur schneller als die gewöhnlichen Boote, sondern auch gefährlicher. Das Wasser krachte bedrohlich gegen die flachen Bodenplanken, und als eine der frühen Konstruktionen auf eine Welle traf, brach der Motor durch den Holzboden und versank – gefolgt vom leckgeschlagenen Boot. Schon eine kleine Turbulenz oder die Bugwelle eines anderen Schiffs drohte das Gleitboot aus der Balance zu bringen, und auch ohne besonderen Anlaß konnte es bei schneller Fahrt außer Kontrolle geraten. Je raffinierter die Konstruktionen, um so unberechenbarer und launischer wurden sie. Bei einem Motorbootrennen Anfang der zwanziger Jahre geriet ein Gleitboot ins Kielwasser eines Schleppers, kam ins Schleudern und krachte auf eine gemauerte Buhne, wo es einem dort sitzenden Jungen ein Bein abriß. Wie die Insel, die Joe Carstairs in späteren Jahren für sich herrichtete, waren diese gefährlichen Boote unbelebte Wesen, die trotzdem voller Kraft steckten und ein Eigenleben zu haben schienen. Obwohl Joe ihre Boote und Autos und auch ihre Insel als weiblich bezeichnete, schrieb sie ihnen männliche Energie und Willenskraft zu. »Ich mochte diese Boote«, sagte sie später, »mit allen ihren Macken. Ich hab' sie verstanden.«

Joe betraute Samuel Saunders, den Chef einer renommierten Bootswerft in East Cowes auf der Isle of Wight, mit dem Entwurf ihres Gleitboots. Am Ende des vergangenen Jahrhunderts hatte Sam Saunders die Consuta-Methode als revolutionäre Neuerung in den Bootsbau eingeführt: Die geformten Planken des Schiffskörpers wurden mit geharztem Gewebe hinterlegt und mit Kupferdrähten vernäht. Saunders hatte das Erfolgsboot von 1913 gebaut, das sich in der letzten Rennsaison vor dem Krieg glänzend bewährte. Im selben Jahr starb seine geliebte Tochter und Gehilfin

Ethel im Alter von vierunddreißig Jahren an Meningitis. Beerdigt wurde sie in einem Mahagonisarg, der nach der Consuta-Methode gezimmert und wie ein Rettungsboot geformt war, mit Silberdraht vernäht und weiß lackiert.

In den zwanziger Jahren fanden die Motorbootregatten zwar wieder statt, aber die schnellen Boote waren so teuer, daß nur sehr wenige gebaut wurden, und ein erfolgreiches Modell brachte der Werft hohes Ansehen. Joe Carstairs Boot war eins von zweien, die 1925 in der Saunders-Werft entstanden. Der begabte junge Bootsbauer Fred Cooper übernahm die Konstruktion, und Sam Saunders beaufsichtigte die Arbeiten.

Joe saß bei Saunders im Hof und sah zu, wie ihrem Boot der letzte Schliff gegeben wurde. Es war ein Boot der »Z-Klasse«, gut fünfeinhalb Meter lang, mit einem flachen Rumpf und einem 1,5-Liter-Motor. Die Außenhaut aus Planken war so dünn und elastisch, daß sie federte, wenn man dagegendrückte, und auch dem Druck der Wellen nachgab. Das Boot war lackschwarz und mit einem einzigen weißen Längsstreifen verziert. Um ihm Wendigkeit und zusätzlichen Auftrieb zu verleihen, wurden die Hohlräume mit Dutzenden luftgefüllter Schweinsblasen ausgestopft. Joe taufte das Boot auf den Namen *Gwen* – zu Ehren des Varietéstars Gwen Farrar, die ihre Freundin und Geliebte und eine exquisite Pferdekennerin war.

Bei einem der Testläufe kenterte das Boot, und nach diesem Abenteuer taufte Joe es um, indem sie die Buchstaben umdrehte. Fortan hieß es *Newg*. Dieser Vorfall mitsamt der Umbenennung machte das Boot zu einer Schwester von Joe Carstairs. Auch sie hatte nach ihrem Sturz vom Kamel einen anderen Namen angenommen und war aus dem Unfall gewandelt und gestärkt hervorgegangen.

Als das Boot eingefahren war, stellte Joe den Mechaniker und Chauffeur von Sam Saunders in ihren Dienst, der ihr diesen Fachmann, Joe Harris, wärmstens empfohlen hatte. Zwischen den beiden Joes entwickelte sich ein enges Vertrauensverhältnis, und Joe Harris fuhr in den nachfolgenden fünf Jahren bei fast allen Rennen als Mechaniker mit. »Mein Mann war Joe Harris«, kommentierte sie diese Beziehung. Zu jener Zeit wurde sie selbst schon Joe genannt, und ihr machte diese Namensdoppelung Spaß, wenn sie die Rennsouvenirs mit dem Namenszug »›Joe‹ and Joe« signierte. Der Ursprung ihres Spitznamens ist unklar, aber interessanterweise lautete der volle (und ihr angeblich unbekannte) Name ihres Vaters Albert Joseph Carstairs.

Joe Carstairs räumte jederzeit ein, daß Joe Harris bei den Regatten gefährdeter war als sie: Wenn das Boot ein Hindernis rammte, wurde er gegen den Motor geworfen, hinter dem er saß, während sie vom Steuer aufgefangen wurde. Beide Joes waren dunkel, untersetzt und kräftig gebaut. Joe Harris, der kleinere der beiden, wirkte zudem zerknautscht und faltig, sein Gesicht war wettergegerbt, seine Jacke zerknittert, seine Mundwinkel zeigten nach unten, und sein Pullover schlug Falten über seinem Bauch. Joe Carstairs dagegen sah wie ein wohlgenährter Schuljunge aus, sie hatte ein volles, glattes und ebenmäßiges Gesicht, sie trug gebügelte Jacketts, ihr Haar war straff und ordentlich nach hinten gekämmt. Wenn sie fotografiert wurde, zog sie ein wenig die Stirn kraus, reckte die Schultern, hielt eine Zigarette in der einen Hand und vergrub die andere in der Jackentasche. Joe Harris war auf eine selbstverständliche und schlampige Art männlich, während Joe Carstairs ihre Männlichkeit in ständiger Anstrengung hervorkehren mußte. Ein damaliger Mechanikerlehrling der Saunders-Werft erinnerte sich, daß sich Joe Carstairs rührend um Joe Harris kümmerte, und bemerkte dazu, daß er vielleicht so etwas wie ein Vater für sie war. Gewiß war sie stolz auf ihn. Auf einem Foto steht sie gerade wie ein Ladestock und hält ihn besitzergreifend am Arm, während er sich ganz entspannt an ihre Seite lehnt.

Joe Harris war einer der ersten von einer ganzen Reihe Personen, um die sich Joe Carstairs »kümmerte«. Sie sicherte ihm ein lebenslanges Einkommen, und als er im Alter beide Beine verlor, fuhr sie nach England, um ihn im Krankenhaus zu besuchen. Nach seinem Tod versorgte sie seine Familie weiter. »Joe Harris, mein Mechaniker, war mir immer treu«, erinnerte sie sich in den neunziger Jahren. »Ein Prachtkerl. Er hat nie einen anderen Job angenommen. Ein mutiger Bursche und ein verdammt guter Mechaniker.«

Newg gewann das erste Rennen in der Bucht von Southampton und wurde darauf für Wettkämpfe in Cannes nominiert. Joe Carstairs fuhr mit ihrem Vauxhall, der es auf 190 Stundenkilometer brachte, bei strömendem Regen von Paris nach Cannes und kam nach siebzehneinhalb Stunden »total aufgekratzt« dort an.

Zwar gewann sie mit Joe Harris das erste Rennen über zwanzig Kilometer, doch beim zweiten Lauf kenterten sie. Die Gleitboote waren im Meer noch flugfreudiger als auf den Binnengewässern, sie bewegten sich praktisch in Sprüngen voran, schon kleine Wellen warfen sie aus der Bahn, und die Sturzseen schwappten ins Boot. Jedesmal, wenn das Hydroplan einen Sprung machte, mußte das Gas gedrosselt werden, damit der Motor nicht durchdrehte und die Schraubenwelle zerstörte. Wenn Treibgut die empfindliche Außenhaut zerbrach, konnte das Boot in Null komma nichts kentern.

»Wenn man frontal auf eine Welle knallt«, erzählte Joe dem Reporter der *Evening News*, »geht einem der Schlag durch und durch. Ich kann es nicht beschreiben, es gibt keinen Vergleich dafür. Es ist jedenfalls viel schlimmer als ein Stromschlag.« Aber sie spielte die Gefahr herunter und strich die Strapazen des Fahrens heraus. »Am Ende eines Rennens ist man total verdreckt«, versicherte sie, »mit Öl bekleckert, durchnäßt, auf beiden Ohren taub.«

Joe bekannte, daß sie das Motorboot anderen Rennmaschinen vorzog, »weil das Geschwindigkeitsgefühl im Boot stärker ist als im Auto oder sonstwo.« Die *Birmingham Post* bezeichnete die Motorbootregatten als »den idealen Sport für Geschwindigkeitsfanatiker« – die Flugzeugpropeller könnten einem im Unterschied dazu, »da sie in der Luft auf keinerlei Widerstand stoßen, kaum das Gefühl der Geschwindigkeit vermitteln«. Ein Motorbootrennen war dagegen wie eine Feldschlacht, ein Aufeinanderprallen von Wasser und

Maschine, und die Fahrer konnten bewußtlos werden, wenn sie bei voller Fahrt ins Wasser fielen. »Wenn man aufschlägt, ist das Wasser hart wie ein Marmorfußboden«, sagte Joe. In ihrem Boot lebte sie noch schneller und noch gefährlicher als an Land.

Im Juni 1925 nahm sie am Ausscheidungsrennen für die Duke-of-York-Regatta teil, die erst zum zweiten Mal ausgetragen wurde, aber schon das englische Spitzenereignis des Bootsrennsports war. Im Jahr zuvor war das Rennen ins Leben gerufen worden, um den Wettbewerb der verschiedenen Bootstypen zu regulieren. Alle beteiligten Gleitboote hatten die Länge von 5,5 Metern und 1,5-Liter-Motoren; sie wurden Moskitos genannt, weil sie mit surrendem Geräusch über das Wasser schossen. Die Regatta ging über vier Runden auf dem zwölf Kilometer langen Abschnitt der Londoner Themse zwischen Putney und Mortlake. Die gefährlichsten Stellen waren die Wendebojen, wo schon ein kleiner Fehler dazu führen konnte, daß Fahrer und Mechaniker ins Wasser stürzten und in die Fahrbahn der Rivalen gerieten.

Die Zeitungen quittierten Joes Eintritt in den Motorbootrennsport mit aufmerksamer Zurückhaltung und mit einer gelinde spöttischen Bewunderung. »Ein neuer Typ von Wassernixe gab am Samstag ihren Einstand an der Themse«, schrieb ein Reporter. »Mit forschem Blick und kurzem Haar, in einem Kostüm, das einem Herrenanzug sehr nahekam, stand sie am Ufer zwischen Mortlake und Putney und fachsimpelte über Außenbordmotoren, Revolutionen und Körbe.« Von der Tatsache, daß sie als Frau an der Regatta teilnahm, wurde auffällig wenig Aufhebens gemacht, vielleicht deshalb, weil man nicht wußte, was von ihr zu halten war. Ein weiblicher Rennfahrer war etwas so Seltenes, daß es keine gesonderten Wettkämpfe für Frauen gab, und daher trat Joe immer gegen Männer an.

Beim Rennen von 1925 erzielte sie mit 32,16 Knoten die Bestzeit in der zweiten Runde. (»32 Knoten auf der Themse!« lautete die Schlagzeile des *Daily Telegraph.*) Aber in der nächsten Runde büßte sie ihren Vorsprung ein, weil sich, wie häufig in Binnengewässern, Wasserpflanzen um die Schraube gewickelt hatten, und sie gelangte auf den fünften Platz. Die Siegestrophäe ging an Captain Woolf Barnato in *Ardendrun II.*

Woolf Barnato, ein Diamantenhändler und ehemaliger Schwergewichtsboxer, gehörte zu den Charismatikern unter den Motorbootsportlern. Er und Joe wurden dicke Freunde. »Babe« Barnato und seine Affären mit den Londoner Bühnenschönheiten beschäftigten häufig die Boulevardpresse. Zwar hatte auch Joe ihre Geschichten mit Schauspielerinnen und Tänzerinnen, aber darüber stand natürlich nichts in der Zeitung. Einer der Vorjahressieger, John Edward de Johnston-Noad, erinnerte sich an das Zusammentreffen mit Joe bei der Duke-of-York-Regatta von 1925. Der große, dunkle, von einem verwegenen Schnurrbart und einer gallischen Adlernase gezierte Johnston-Noad trug stets ein Monokel, oft eine Baskenmütze, aber manchmal auch eine Wollmütze mit Bommel, und er bezeichnete sich als »Graf von Montenegro«. Johnston-Noad faßte Zuneigung zu Joe. Sie war, wie er feststellte, »ein kleiner, pummliger vierundzwanzigjähriger Lausbub, der das Haar kurz trug und sich kleidete wie ein Mann … Die Schauspielerin Gwen Farrar war nur eine von vielen [ihrer] Frauenfreundschaften. Ich werde nie die finster dreinblickende Sekretärin von Joe Carstairs vergessen, ›Fatty‹ Baldwin – auch Ruth genannt –, die eine stets wechselnde Schar hübscher Verehrerinnen anführte – alle gut gekleidet und mit eigenem Kraftwagen ausgestattet.« Die letzte Feststellung könnte etwas übertrieben sein. Nirgendwo sonst wird behauptet, daß Joe eine ganze Schar von Freundinnen hatte, die sie mit Autos ausstattete. Doch großzügig war sie ohne Zweifel und sicher auch dazu fähig, ihren Freundinnen Autos zu schenken – als Wahrzeichen ihrer selbst und als Symbole der Unabhängigkeit.

Der Herzog von York und spätere König Georg VI. wohnte dem Rennen persönlich bei, und Johnston-Noad kam die Ehre zu, ihn zu begleiten. Und während sich die Fahrer auf das Rennen vorbereiteten, wollte der Herzog mit der »Wassernixe« bekanntgemacht werden. Als sie sich dem Boot von Joe näherten, das kurz festgemacht hatte, drehte sie sich wütend um, in der Angst, disqualifiziert zu werden, wenn ihr jemand zu Hilfe kam, und brüllte: »Verpißt euch! Kommt mir verdammt noch mal nicht nahe!«

Der Herzog wandte sich verdutzt an seinen Begleiter: »W-w-was hat sie denn, Mr. Johnston-Noad?«

»Äh, wahrscheinlich Zündschwierigkeiten, königliche Hoheit«, erwiderte der. »Sie wechselt ihre Kerzen.«

Johnston-Noad war wie Joe im Jahr 1900 geboren, doch die Kindheit, die seiner Rennkarriere vorausging, mutet noch absonderlicher an als die ihre, und sein Leben erscheint wie ein Parallelentwurf zu ihrem. Wie ihre Familiengeschichten ähnelten sich in den zwanziger Jahren auch ihre Auftritte; erst nach den Rennsportjahren schlugen sie sehr unterschiedliche Wege ein. Johnston-Noad war der Mann, der Joe hätte sein können, aber zum Glück nicht wurde.

»Vom Tag meiner Geburt an rebellierte ich«, schrieb Johnny Johnston-Noad in seinen unveröffentlichten Memoiren, »und niemand konnte mich leiden.« Wie Joe Carstairs vermischte er Ursache und Wirkung: Er rebellierte nicht, weil er abgewiesen wurde, so meinte er, sondern wurde abgewiesen, weil er rebellierte.

Die Memoiren von Johnston-Noad sind so bizarr, daß es über weite Strecken schwerfällt, ihnen Glauben zu schenken. Wie Joe schuf auch er seine eigene Legende. Er behauptete, daß seine Mutter, die Tochter des Königs von Montenegro, direkt nach seiner Geburt ermordet wurde. Sein Vater sei ein schottischer Ingenieur gewesen, der in den chilenischen Salpeterminen Millionen verdient hatte und sich dann in die politischen Intrigen des serbisch-kroatischen Bergstaats Montenegro verwickelte. Der König adelte ihn aus Dankbarkeit für seine Dienste und gab ihm seine Tochter zur Frau. Doch die Feinde der Krone töteten die Prinzessin, nachdem sie von ihrem Sohn entbunden war. Johnston-Noad argwöhnte gar, daß sein Vater, der angeblich Beziehungen zu den Terroristen der Schwarzen Hand unterhielt, den Mord begangen hatte.

Der Knabe wurde von Kindermädchen in Paris und Nizza erzogen und, wie Johnston-Noad beklagte, nach der damaligen Mode in Mädchenkleider gesteckt. Sein Vater heiratete eine französische Gräfin, die ihren Stiefsohn haßte. Sie fertigte von ihm eine Wachspuppe an und spickte sie mit Nadeln – darauf wurde der kleine Johnny als Mündel nach England geschickt. Bei der Überfahrt stieß ihn ein Fremder von Bord. Er wurde gerettet, aber seine ganze Kindheit durchlebte er in Angst vor montenegrinischen Killern. Immer wenn er sich beobachtet fühlte, zog er zu anderen Pflegeeltern um, und schließlich änderte er seinen Namen von Howard-Johnston in Johnston-Noad, um seine Feinde zu verwirren.

Anfangs fror er in England, er fühlte sich elend und wollte nicht mehr essen. »Dann trat ich den Pfadfindern bei und wurde Chorknabe«, berichtete er, »das brachte mich gewissermaßen wieder auf die Beine. Darauf frönte ich der Fleischeslust, und das half mir sogar noch mehr!« Sein Vater kam 1919 bei einem südamerikanischen Minenunglück ums Leben; Johnny hatte ihn, wie er behauptete, nur zweimal gesehen.

Auf Motorbootsregatten fuhr er seit 1921, aber er frönte ebenso dem Flugsport und steuerte Rennwagen auf der Piste und auf der Straße. Die Wände seines Hauses waren einmal mit zweiundfünfzig Strafzetteln wegen zu schnellen Fahrens tapeziert. Sein Liebesleben war ebenso wild und ungebunden wie sein Treiben auf Straße und Wasser. Auch darin ähnelte er Joe. In seinen Memoiren ist nicht zu übersehen, daß Autos und Erotik für ihn eng miteinander verknüpft waren. »Ich habe jedes Auto wie eine Geliebte behandelt«, bekannte er. Autos waren für ihn Symbole und Vehikel der sexuellen Freiheit. Johnston-Noad besaß mehrere Bentleys und entwarf seinen eigenen Rolls-Royce, der hinten mit einer »Lustbank« ausgestattet war. Er war zwar verheiratet – seine Frau fuhr in kleineren Motorbootregatten –, aber er hatte zahllose Affären. Wenn seine Freundinnen zu den Rennen kamen, trugen sie, wie er sagte, die Unterwäsche in seinen Farben: blau und schwarz. Die Sphäre, in der er sich tummelte, beschrieb er als eine Welt des Sports und des Vergnügens, »sportlich im Umgang mit Autos und Booten und auch in der Lebensweise. Jeder hatte seinen Spleen. Hauptsache, man nahm die Dinge locker und konnte sich austoben.«

Die Kindheitsgeschichten von Johnston-Noad und von Joe Carstairs haben vieles gemeinsam: In beiden Fällen war der Reichtum ererbt und stammte aus Bodenschätzen, bei beiden gab es eine ermordete Mutter, böse Stiefväter und -mütter, einen abwesenden Vater. Beide fühlten sich verstoßen, entflohen ihrer Misere und reagierten mit Rebellion – in Rennbooten, schnellen Autos und im Bett.

Am Ende der zwanziger Jahre jedoch bekam die Lebensgeschichte von Johnston-Noad einen Knick. Sein unstetes Wesen brachte ihm in den weniger toleranten dreißiger Jahren Probleme ein und konfrontierte ihn mit der schäbigen Kehrseite des Playboy-Daseins. Beim Börsenkrach von 1929 machte er Bankrott, er ließ sich auf fragwürdige Transaktionen ein und lernte ein französisches und drei englische Gefängnisse von innen kennen. 1952 fand nicht einmal sein Verteidiger Worte, die zu seinen Gunsten sprachen. Vor Gericht beschrieb er ihn als »größenwahnsinnigen Egoisten, der die Welt durch die romantische Brille sieht wie der Held eines billigen Romans«. Johnny Johnston-Noad wurde wegen Beteiligung an einem Juwelenraub verurteilt, den seine zweite Frau, eine Berufsverbrecherin mit dem schmückenden Beinamen »Schwarze Orchidee«, ausgeheckt hatte. Sie und ihr Liebhaber hatten sich auf der Flucht vor der Polizei gemeinsam entleibt.

Johnston-Noad wurde jedoch vom Vorwurf entlastet, bei einem Saufgelage zwei Pistolenschüsse auf seine Geliebte abgegeben zu haben und ein Bordell in der New Bond Street zu betreiben. Und seine Nachbarn in der Grafschaft Surrey versuchten vergeblich, gegen die Lustbarkeiten einzuschreiten, die sich Ende der dreißiger Jahre auf seinem Ufergrundstück und in seinem »Lustlandhaus« abspielten. Sie klagten insbesondere über gewisse Vorfälle, die ihr Sittlichkeitsgefühl zutiefst verletzten: Johnston-Noad und seine Freunde hatten eine dicke nackte Frau über den Rasen gejagt und ihr dabei mit Paddeln auf das Hinterteil geklatscht.

7

Hallo, mein lieber Kamerad!

Am Ende des Jahres 1925 erlebte Joe Carstairs ihre entscheidende und endgültige Wiedergeburt. Mit Ruth Baldwin, der »finster dreinblickenden Sekretärin«, wie Johnston-Noad sie beschrieben hatte, fuhr sie in die Skiferien nach Rosegg in den Schweizer Alpen, und zu Weihnachten schenkte ihr Ruth eine männliche Puppe. Fortan waren Joe und die Puppe unzertrennlich.

Es war eine Steiff-Puppe aus Leder, die festen Glieder waren beweglich angebracht, so daß man ihr ausdrucksvolle Posen und Gesten verleihen konnte. Der kugelrunde Kopf hatte zwei zarte Ohren; die Augen, zwei schwarzglänzende Perlen, blickten unschuldig in die Welt und waren von leicht geschwungenen Brauen überwölbt. Das weiche Ledergesicht besaß ein geformtes Profil – die Wangen, die Stirn und das Kinn waren anmutig herausmodelliert, und der kleine Mund unter der Stupsnase lachte wie auf einer Kinderzeichnung, nur daß er mit festem Faden in das Leder eingestickt war.

Als die Puppe älter wurde, dunkelte das Leder nach, es wurde rissig und spröde, die Nähte, die den Kopf zusammenhielten wie bei einem Fußball, wurden speckig, traten hervor und überzogen das Gesicht wie ein Kreuz. Aber die Knopfäuglein leuchteten weiter, und auch das Lächeln widerstand dem Alter. Joe Carstairs kleidete ihre Puppe in Anzüge und Uniformen. Es war ein Homunkulus, ein kleiner Mann mit Kindergesicht. Joe taufte ihn Lord Tod Wadley, ein Name, der an ein tapsiges Kleinkind erinnerte, den Knirps aber zugleich in den Adelsstand erhob. Er war unschuldig wie ein Lamm, weltläufig wie ein Gentleman und allwissend wie ein Gott.

Ruth Baldwin war die Freundin, der Joes tiefste Liebe galt. Dennoch hat sie kaum Spuren hinterlassen. Wie Dolly Wilde – und in vieler Hinsicht auch Joe selbst – lebte sie eher für den Tag als für den Nachruhm. Die Fotos zeigen eine große, langbeinige Frau mit breiten Schultern und einem runden Gesicht, einem wachen, durchdringenden Blick und kräftigem, kastanienbraunem Haar. Ihr Grabstein verrät, daß sie am 17. Februar 1905 geboren wurde, Catherine Ruth Baldwin hieß und am 31. August 1937 verstarb. Genannt wurde sie Bobby oder – zumindest nach der Behauptung von Johnston-Noad – auch Fatty. Man sagte, sie sei – wie Dolly Wilde – irischer Herkunft, aber in Amerika geboren. Nach Joes Tod lebte nur ein Mann, der Ruth gekannt hatte, aber er war zu alt und zu krank, um noch etwas zu ihrem Bild beizusteuern. Freunde sagten, er habe sie in den dreißiger Jahren immer aus den Bars nach Hause bringen müssen. Alle Freundinnen Joes hatten von Ruth gehört. »Sie war wild«, sagten sie, »und so lustig. Die Ruth, das war wirklich eine Wilde.« Die Geschichten, die über sie erzählt wurden, waren kurz, knapp und lebendig wie Ruth selbst.

Ruth nahm Drogen. Sie trank, und anstelle einer Küche ließ sie sich eine Bar in ihre Wohnung einbauen. Nach Auskunft von Joe war sie »fabelhaft stark«. Sie war untreu und besitzergreifend. Joes Geld gab sie mit vollen Händen aus. Sie aß mitten in der Nacht rohe Koteletts und nahm gern ihren Pekinesen mit in den Pub und flößte ihm Brandy ein. Und Joe brachte sie bei: »Die Welt ist eine Auster. Man muß sie nur genießen, wie es einem paßt.« Sie war eine ungestüme, stürmische Frau, und wie es scheint, steckte hinter ihren wilden Auftritten auch eine ungezähmte Natur.

Durch ihre Verbindung mit Dolly Wilde war Joe in Paris mit den lesbischen Literatenzirkeln in Berührung gekommen. Dolly lebte in den zwanziger Jahren noch in Paris, und im Salon von Natalie Barney verkehrte auch die Schriftstellerin Djuna Barnes. Bis 1927 lebte Djuna Barnes mit Thelma Wood in einer Beziehung, die sie in ihrem Roman *Nachtgewächs* von 1936 verewigte. Die beschriebene Konstellation ähnelt in mancher Hinsicht der Beziehung zwischen Joe Carstairs, Ruth Baldwin und Lord Tod Wadley.

In *Nachtgewächs* sinniert die Erzählerin über die Bedeutung der Puppe, die sie von ihrer Freundin Robin zum Geschenk erhalten hat. »Wenn eine Frau einer Frau [eine Puppe] schenkt«, schreibt sie, »ist es das Leben, das ihnen nicht vergönnt ist, ist es ihr Kind, geheiligt und profan … Manchmal, wenn [Robin] gegen Abend betrunken wurde, fand ich sie mitten im Zimmer stehend, gekleidet in Männersachen, füßestampfend, das Kind, das sie uns geschenkt hatte – ›unser Kind‹ –, hoch über dem Kopf, als wollte sie es zu Boden schleudern, und mit einem Ausdruck der Raserei im Gesicht. Einmal kam sie etwa um drei Uhr morgens herein und war wütend, weil ich ein einziges Mal nicht die ganze Zeit auf sie gewartet hatte. Sie griff nach der Puppe, warf sie zu Boden, setzte den Fuß auf sie und bohrte den Absatz hinein. Als ich schreiend auf sie zulief, zertrat sie die Puppe, der Porzellankopf brach in tausend Stücke, das Kleidchen, zitternd und steif, wirbelte und rollte über den Fußboden, die blaue Schleife mal oben, mal unten.«

Die Episode beruht auf Tatsachen: Nach der Trennung von Thelma Wood 1927 behielt Djuna Barnes die zerbrochene Puppe bis an ihr Lebensende. (Dolly Wilde selbst erscheint in einem anderen Werk von Djuna Barnes, im *Ladies Almanach* von 1928, als eine Art Puppe, die in der Wut zerbrochen wird. In dieser Parodie auf die Pariser Salons figuriert Dolly als die drogensüchtige Lesbierin Doll Furious.)

Auch die kleine Familie, die Joe gegründet hatte, bestand aus zwei Frauen und einer Puppe. Joe war wie die Erzählerin in *Nachtgewächs* die Hüterin der Puppe, und Ruth war die Geliebte: betrunken, rücksichtslos und wutentbrannt. Obwohl Joe nie behauptete, daß Ruth der Puppe etwas antat, entwickelte sie in späteren Jahren einen Horror vor dem Gedanken, daß ihre Freundinnen sich an ihr vergreifen könnten. Wadley war wie die Puppe in *Nachtgewächs* ein Beinahe-Kind, ein heiliger und profaner Gegenstand der Liebe zweier Frauen. Doch im Unterschied zur Barnes-Puppe war Wadley nicht nur ein zerbrechlicher Ersatz für ein richtiges Kind. Er war unendlich viel mehr. Lord Tod Wadley war nicht aus Porzellan, sondern aus Leder gemacht. Seine Haut war fester als Menschenhaut. Wadley war eher ein Kraftbeweis als ein Notbehelf. Er war eine Herausforderung und eignete sich zum Verwandlungsspiel.

Den Gedanken an ein richtiges Kind konnte Joe Carstairs nicht ertragen. »Um nichts in der Welt würde ich ein Baby wollen.« Als ihr eine Freundin den Vorschlag machte, ein Kind zu adoptieren, rannte sie schreiend aus dem Zimmer, so sehr entsetzte sie der Gedanke. Es fällt nicht schwer, ihr das abzunehmen. Kleine Mädchen fand sie so irritierend, daß sie ihnen kaum je Beachtung schenkte, und die Rolle des ewigen Lausbuben spielte sie selbst. Ein richtiger kleiner Sohn würde ihr diese Rolle streitig machen und dann mit seinem Erwachsenwerden ihren Traum der immerwährenden Jugend zerstören. Der kleine Wadley hingegen konnte ihr Gefährte und Vorbild sein und bleiben. Und daß sie an ihn glaubte, war allein schon ein lebender Beweis für die Kindlichkeit ihres Gemüts.

Auch in *Nachtgewächs* ist die Puppe nicht nur das Kind, das die beiden Frauen nicht bekommen können, sondern auch das Kind, das sie gern selbst sein würden. Djuna Barnes beschreibt die Homosexualität als eine höhere Form der Unreife, die in der Puppe verkörpert wird. »Die letzte Puppe … ist das Mädchen, das ein Junge hätte werden sollen, und der Junge, der ein Mädchen hätte werden sollen! … Die Puppe und die Unreifen haben etwas Richtiges an sich, die Puppe, weil sie dem Leben ähnelt, es aber nicht besitzt, und das dritte Geschlecht, weil es das Leben besitzt, aber der Puppe ähnelt.«

Joe und Ruth bewohnten zusammen ein Haus, das Joe für dreitausend Pfund im Mulberry Walk gekauft hatte, einer Seitengasse der King's Road in Chelsea. Das Haus hatte dicke, mit Wein überwachsene Ziegelmauern und kleine Fenster, die von der Straße aus wie Gucklöcher aussahen. Für Helligkeit sorgten die Dachfenster. Innen war das Haus geräumig und zugleich umgrenzt wie ein Ozeandampfer. Es gab weitläufige Wohnräume und Schlafzimmer – Joe wohnte oben, Ruth unten. Joes Fußböden waren mit Linoleum ausgelegt, das eigentlich für Kriegsschiffe bestimmt war. Die Hausbesorgerin, die »dicke alte Mrs. Peacock«, kümmerte sich um die Küche, und ein Dienstmädchen bewohnte das Zimmer am Treppenabsatz zwischen Joes und Ruths Etage.

Hinter dem Haus befand sich ein kleiner, ummauerter Garten mit Teich. Eine Zeitlang watschelten dort mehrere Pinguine umher, die dann dem Londoner Zoo gestiftet wurden, weil sie einen unangenehmen Geruch verbreiteten. Aber fortan bekam Joe Spielzeugpinguine geschenkt – ein Ritual, das sich bis zu ihrem Lebensende fortsetzte. Porzellanpinguine, gefiederte Pinguine, Plastikpinguine, Holzpinguine, Fellpinguine, Marmorpinguine. Alles, was sie an Sterben und Verfall erinnerte, fand sie abstoßend. »Ich ziehe unbelebte Gegenstände vor«, befand sie wiederholt.

Neben der Haustür des Mulberry Walk 5 brachte Joe ein Schild mit der Aufschrift an: »Marion Barbara Carstairs und Lord Tod Wadley.« Im Spiel war dabei offenbar die Vorstellung, daß es für eine Miss Carstairs eher anging, mit einem fiktiven Aristokraten zusammenzuleben als mit einer lebendigen Frau. Manchmal meldeten sich Händler und verlangten Lord Tod zu sprechen, und einmal klingelte ein Mann, der behauptete, im Krieg zusammen mit Wadley in Frankreich gedient zu haben.

Bei der wachsenden Schar der Rennfahrer zu Lande, zu Wasser oder in der Luft war es üblich, Maskottchen als Glücksbringer mit sich herumzutragen. Manchmal bezeichnete Joe ihren Lord Wadley als Maskottchen, aber er war viel zu kostbar, um mit ins Boot genommen zu werden. Sich selbst setzte sie jedem Risiko aus, aber nicht ihren Wadley. Dennoch brachte er ihr Glück. Seit es ihn gab, errang Joe mit ihrem Rennboot *Newg* einen Sieg nach dem anderen.

Zehntausende Zuschauer säumten die Ufer der Themse bei der Duke-of-York-Regatta von 1926, bei der die stärkste internationale Besetzung seit dem Krieg an den Start ging: drei britische Boote (einschließlich *Newg* und Johnston-Noads *Miss Betty*), zwei amerikanische, zwei französische, ein kanadisches und ein deutsches. »Babe« Barnato hatte einen extrastarken Motor für *Newg* beschafft, und er fuhr die erste Runde, dann übernahm Joe das Ruder. Schon zu Beginn des Rennens fielen die meisten Boote aus, teils wegen Beschädigungen durch Treibholz, teils wegen Zündschwierigkeiten, und in der Endrunde war *Newg*, gesteuert von Joe, mit *Sigrid IV* allein, dem Boot des deutschen Rennfahrers Krüger. Kurz vor dem Ziel fuhr dann auch Krüger mit Getriebeschaden an die Seite, und schließlich verfing sich die Schraube von *Newg* in einem treibenden Strick. Es sah schon so aus, als würde niemand ins

Ziel gelangen, doch Joe konnte den Strick entfernen und die Regatta gewinnen. »Bubikopf schlägt Deutschen« lautete die Schlagzeile der *Daily Mail* am nächsten Tag.

Im selben Jahr gewann Joe die internationale Regatta des Royal Motor Yacht Club, den Pokal des *Daily Telegraph*, den Bestise-Pokal und den Lucina-Pokal. Auf dem nordenglischen Lake Windermere sicherte sie sich mit 54,97 Knoten den Weltrekord in der 1,5-Literklasse. Sie bestellte ein neues 1,5-Literboot bei Sam Saunders und taufte es aus Dankbarkeit auf seinen Vornamen – *Leumas* –, den man allerdings wieder von hinten lesen mußte.

Joe war die gefeiertste Motorbootsportlerin Englands, an Schnelligkeit und Mut stand sie den Männern in nichts nach. Sie war entzückt von der öffentlichen Aufmerksamkeit, die ihr die Siege einbrachten. »Ich war verrückt auf Zuschauer«, erzählte sie. »Ich hatte es gern, wenn die Leute zu mir kamen und sagten: ›Geben Sie mir ein Autogramm.‹ Ich war ein tückisches Biest. Es ist unglaublich, wozu man fähig ist, wenn man Zuschauer hat.«

Lord Wadley war Joes Publikum für alle ihre Unternehmungen – und umgekehrt. In ihm war archetypisch das *Bright young set*, die junge Elite verkörpert. Seine Anzüge kamen maßgeschneidert aus der Savile Row wie die von Joe, seine Lederschuhe aus Italien, dazu trug er einen Seehundmantel mit Fellbesatz. 1929 fertigte eine Freundin eine fiktive Illustriertenreportage an, in der Wadley beim Bootfahren, Reiten, Cocktailtrinken, Romanschreiben und Porträtsitzen abgebildet ist. Ein Foto zeigt ihn bei der Erholung im Grünen. Die Brille ist auf die Stirn geschoben, um ihn verstreut liegen leere Flaschen und neben ihm ein aufgeschlagenes Buch. Die Bildunterschrift lautet: »Ich bin ein fleißiger Student, und wenn mir nach Einsamkeit zumute ist, verbringe ich einen Tag auf dem Lande – aber nicht ohne meine Bücher.« Eine andere Unterschrift: »›Hallo, mein lieber Kamerad!‹ Grüße von Lord Tod Wadley.«

»Wie andere Vertreter unserer jungen Elite«, wird im Text ausgeführt, »ist auch er durch und durch Sportler und Bootsfanatiker. Reiten und Autofahren gehören ebenfalls zu seinen Hobbys. Er weiß die Vorzüge eines wirklich guten Cocktails zu schätzen und ist sich bewußt, daß heutzutage gewisse literarische Meriten unerläßlich sind, wenn man sich in der Öffentlichkeit profilieren will. Es ist ein offenes Geheimnis, daß er an einem Roman schreibt, der, wenn er denn erscheint, mit seiner tiefgreifenden Analyse der modernen Gesellschaft eine sensationelle Wirkung erzielen wird.« (Die Fotos stammten von Olivia Wyndham, die später nach New York zog und mit einer schwarzen Frau in Harlem wohnte.)

Wadley ist nicht die einzige Puppe, die auf den Fotos der zwanziger Jahre vorkommt. Es gibt Schnappschüsse von Joe Carstairs und Freundinnen in Cannes, in Südengland und in der Schweiz, auf denen sie Puppen in die Höhe halten, auf Mauern plazieren oder zwischen sich auf die Felsen setzen. Joe hat keine dieser Puppen oder auch nur die Erinnerung daran aufbewahrt, auch die Puppen ihrer Kindheit hat sie nie erwähnt. Als kleines Mädchen muß sie Puppen besessen haben – aufwendig aufgeputzte, steife Kreaturen mit Porzellangesichtern und Kleidern voller Rüschen und Spitzen. Aber Joes Verlangen nach einem Puppenjungen – vielleicht zum Ausgleich für die Soldaten und Matrosen, mit denen ihr Bruder spielte – ließ alle anderen Erinnerungen verblassen und nur noch Lord Wadley gelten.

In den zwanziger Jahren gab es noch eine Matrosenpuppe, deren Gesicht größer und niedlicher, aber auch ein wenig sentimentaler wirkte als das von Wadley. Joe posierte damals mit dieser Puppe für Pressefotos. Eins davon erschien dann nochmals in den achtziger Jahren in einer Wassersportzeitschrift. Die achtundachtzigjährige Joe Carstairs schrieb dem Autor des Artikels: »Lord Tod Wadley begleitet mich seit dreiundsechzig Jahren und ist tatsächlich schon so alt. Auf dem Bild in der Zeitschrift ist aber *nicht* Lord Tod Wadley zu sehen. Ich habe keine Ahnung, wer das ist!!« Vielleicht mußte dieser Ersatz-Wadley, an den Joe sich nicht erinnern wollte, manchmal als Maskottchen herhalten, weil sie den wirklichen Wadley nicht den Gefahren aussetzen wollte, in die sie sich stürzte. Auch Wadley selbst erhielt Maskierungen und Alter egos, die seinem Schutz dienten.

Mit der Betonung, daß Lord Tod Wadley »tatsächlich schon so alt« sei, verlegte sie seine Geburtsstunde nicht in die Spielzeugfabrik, in der er entstanden war, sondern auf den Moment, in dem sie ihn geschenkt bekam. »LORD TODD WADLEY ist jetzt von Rechts wegen zweiundsechzig Jahre alt«, schrieb sie in einem anderen Brief der achtziger Jahre. Dahinter verbirgt sich die Vorstellung, daß Wadley wie sie selbst eine zweite, wahre Geburt erlebte, als er mit ihr zusammengeführt wurde. Joes Verhältnis zu ihrer Puppe mutet recht närrisch an und bewegt sich an der Grenze zur Verrücktheit. Doch genauer betrachtet, bewahrte sie sich gerade mit seiner Hilfe vor der Verrücktheit. Wadley war der Gefährte, den sie brauchte, um ihre innere Spaltung auszuleben und sich – durch die enge Bindung an ihn – dennoch zusammenzuhalten.

Eines Nachts in der Mitte der zwanziger Jahre ließ sie sich in betrunkenem Zustand (»fürchterlich angekratzt«, wie sie es nannte) beide Arme tätowieren. Danach ging sie mit Wadley zum Fotografen: Sie setzte ihn auf ihr Knie und blickte versonnen auf ihn hinab. Auf ihrem muskulösen Arm prangt ein Stern und ein Drache, in den Mundwinkel hat sie eine Zigarette geschoben, und die Baskenmütze sitzt schräg auf ihrem kurzgeschnittenen Haar. Wadley schaut sie an, mit offenem, zutraulichem Blick, gekleidet in weiße Seemannstracht und eine Mütze, die ebenso schräg sitzt wie die ihre. Auf einem anderen Foto posiert Joe im Matrosenanzug samt Mütze, offensichtlich in der Rolle Lord Wadleys, und neben sich hat sie eine Frau gestellt, um ihre Männlichkeit herauszustreichen. Sie und Wadley tauschten ständig die Rollen und äfften sich liebevoll gegenseitig nach. Ein weiteres Atelierfoto aus dieser Zeit zeigt Wadley allein mit seinem Spiegelbild. Joe gab dem Foto den Titel »Narziß«.

8

Ich sah wie ein Junge aus, wirklich wahr!

Die zwanziger Jahre waren eine Epoche, die sich sofort zu ihrem eigenen Mythos verklärte, und Joe Carstairs fand sich in diesem Vorgang wieder. Für eine kurze Zeit waren sie und die Welt eins. Joe liebte alles, was in den Zwanzigern Mode war: Maschinen, Tempo, Kostümpartys, Schatzsuche als Gesellschaftsspiel, Kabarett, Nachtbars, Cocktails, Tanz, Autos, Sex – und vor allem Burschikosität. Joe Carstairs war ein Kind ihrer Epoche, aber sie übertraf sie noch, sie stürzte sich in die Leidenschaften ihrer Zeit und trieb sie zum Exzeß. Das London der zwanziger Jahre wurde zu ihrer Bühne, die Herrenmode zu ihrem Kostüm, Zigaretten, schnelle Autos, Motorboote und Knabenpuppen zu ihren Requisiten.

Joe war theaterbegeistert und hatte mit vielen Schauspielerinnen Affären. An der Bühne ging es locker zu, alles war erlaubt, der Rollentausch zwischen Mann und Frau ein alltäglicher Vorgang. Im Juni 1920, ein paar Wochen nach Joes Entlassung aus der Armee, hatte die legendäre Männerdarstellerin Vesta Tilley ihren letzten Auftritt in London. »Vesta Tilley war ein ewiger Junge, dem nichts die Männlichkeit nehmen konnte«, schrieb der Kritiker James Agate. »Indem sie ihre Charaktere beherrschte, war sie ihre eigene Geliebte.« Der Kritiker W. R. Titterton stellte fest: »Ihre Seele ist eine Knabenseele – oder vielleicht sollte ich sagen, die Seele eines Mädchens in einem Alter, in dem sich Jungen und Mädchen sehr ähnlich sind. Sie ist und bleibt ein naives Kind.« In Männerkleidern, so schien es, konnte eine Frau die Schranken ihres Geschlechts und zugleich ihres Alters übersteigen. Wenn sie in ihr Kostüm schlüpfte, streifte sie ihre Reife ab, und das Publikum sah in ihr nicht den sexuellen Doppelgänger, sondern etwas Geschlechtsloses. Es war wie bei einem Zaubertrick, bei dem man etwas verschwinden läßt, und eine Ära, in der Männlichkeit und Jugend zum Fetisch erhoben wurden.

Die »richtigen« Männer waren schließlich knapp. Fast eine Million Briten waren auf den Schlachtfeldern Europas verblutet, viele, die zurückkehrten, an Leib und Seele verstümmelt. Die Frauen, die während des Krieges Männerarbeiten verrichten mußten, orientierten sich nun an männlichen Tugenden. »Gesunde junge Mädchen sind jungenhafter als Jungen«, titelte die *Daily Mail* 1921.

Die Damenmode zeichnete sich durch eine zunehmend androgyne Note aus. Die Taillen der Kleider rutschten dramatisch nach unten, die weibliche Büste verschwand, mit ihr auch die Wespentaille und die modellierte Hüfte. Die Ärmel und die Röcke wurden kürzer und gaben den Blick auf Arme und Beine frei, was man möglichst elegant zur Geltung kommen ließ. Frauen umwickelten ihren Busen straff mit breiten Stoffbahnen, um flacher zu erscheinen, sie schnitten sich das Haar zum Bubikopf, dann stutzten sie es im Nacken noch kürzer wie bei einem richtigen Herrenschnitt und schließlich gar – obwohl das als verwegen galt – wurde es so kurz wie bei den Schuljungen. Herrenkleidung wurde nun auch für Frauen geschneidert: Marineblaue Blazer, Krawatten, Manschettenknöpfe und Smokings für Frauen kamen auf. Ein paar Frauen, auch Joe, trugen sogenannte Oxford Bags – weite Hosen, die weibliche Formen nicht einmal mehr ahnen ließen.

Der Friseur kam regelmäßig in den Mulberry Walk, um Joes Haar zu schneiden. Ihre Anzüge und Jacketts waren makellos, sie stammten von den besten Schneidern und wurden liebevoll gepflegt. Sie trug gestärkte Bubikragen, marineblaue Baskenmützen, Kadettenjakken, aber sie wollte nicht wie ein typischer Mann aussehen. Es war der burschikose Look, der ihr Leichtigkeit und Eleganz verlieh. »Ich sah wie ein Junge aus, wirklich wahr!« sagte sie später. »Aber ich war kein Trampel.«

In seinen Memoiren äußert sich Quentin Crisp über die Mode der zwanziger Jahre: »Die kurzen Röcke, die Bubiköpfe und die flachen Büsten … waren eigentlich Symbole der Unreife … Wenn man die Mädchen dieser Ära beschrieb, benutzte man das Wort ›burschikos‹, eine Bezeichnung, die sie dankbar akzeptierten.« Um sich eine athletisch schlanke Figur zuzulegen, begannen die jungen Mädchen zu fasten, sie liefen Ski, spielten Tennis und Squash, fuhren Rennen in Booten, Autos und Flugzeugen und trainierten in der Turnhalle. »Die Sportbegeisterung der Frauen erhält die gegenwärtige strenge Linie«, bemerkte der Modeschöpfer Monsieur Worth. »Diese männlichen Konturen lassen die Frauen jünger erscheinen.«

Joe war und blieb »absolut verrückt nach körperlicher Fitneß«. »Gott hat mir einen wunderbaren Körper geschenkt«, erklärte sie, »und ich möchte, daß es dabei bleibt.« 1921 war sie noch ausgesprochen mollig, trainierte dann aber hart und wurde schlank und muskulös.

In den zwanziger Jahren entwickelte sich die Begeisterung für Sport, Freizeit und Frischluft parallel zur dekadenten Großstadtkultur mit ihren grellen Partys, wo exotische Cocktails und Drogen gereicht wurden. Joe eroberte beide Welten. Mit den Coleclough-Schwestern fuhr sie zum Skilaufen und Rodeln in die Schweiz, geritten wurde in Hampshire, gesegelt und geschwommen im Meer. Mit Ruth und mit den Londoner Schauspielerinnen verkleidete sie sich, trank und durchtanzte die Nächte. Auf dem Land versuchte sie ihre Jugendlichkeit zu bewahren und zu pflegen, in London führte sie sie vor und schlug dem Gespenst des Alterns ein Schnippchen. »Alte Leute konnte ich nicht ausstehen«, sagte sie.

Freundinnen stellten fest, daß Joe die Stimme einer ausgebildeten Schauspielerin hatte – klangvoll, kräftig, mit leichtem amerikanischem Akzent. Auch ihr Auftreten hatte etwas Bühnenreifes. Wenn sie in den Raum eintrat, wandte sie sich unwillkürlich dem Spiegel zu und nahm ihre Pose ein – drei Finger in der Jackentasche, Daumen und kleiner Finger blieben draußen. »Wunderbar!« rief sie. Die glutvoll schmachtende Miene Rudolf Valentinos, des Stummfilmidols der frühen zwanziger Jahre, findet ihr Echo in vielen Atelierfotos von Joe Carstairs. Nur selten ist sie auf den Aufnahmen dieser Jahre ohne Zigarette zu sehen. Sie betonte jedoch, daß sie Zigarren, Zigaretten, Stumpen und Pfeifen nur des Effekts wegen rauchte, aber niemals inhalierte. Die Zigaretten waren Requisiten, Ausdruck von Lebensstil und Männlichkeit, wie die Zigarren, die sie von ihrem Vater oder von Roger de Perigny erhalten oder bei Francis Francis gestohlen hatte.

Die Kanadierin Beatrice Lillie, eine Freundin von Joe, wurde die gefeiertste Herrendarstellerin auf den Bühnen des Londoner Westends. »Ich hatte tatsächlich den Ruf des bestgekleideten Mannes von London«, schrieb sie in ihren Memoiren. Beatrice Lillie war einer der Stars der *Midnight Follies*, einer Show, die ab 1922 Nacht für Nacht im Hotel Metropole lief. Die Eßtische des Metropole waren hufeisenförmig um eine große Tanzfläche unter entzündeten chinesischen Laternen gruppiert. Punkt Mitternacht kündigte sich der Beginn der Show mit drei lauten Schlägen an. Das Orchester brach ab, und die Gäste eilten von der Tanzfläche an die Tische zurück. Dann traten die Darsteller, von denen viele direkt aus ihren Auftritten an den Theatern der Shaftesbury Avenue und des Strand herübergekommen waren, in schneller Folge aus dem Vorhang und boten Tanznummern, Jazzmelodien, aktuelle Sketche, Songs und kabarettistische Einlagen.

Ab 1925 gastierten Gwen Farrar und Norah Blaney im Metropole. Gwen, eine elegante Erscheinung mit dunklem Bubikopf und Hornbrille, war die Frau, nach der Joe ihr Motorboot *Newg* benannte. Sie sang Bariton und spielte Klavier und Cello. Gwen und Norah hatten sich während des Ersten Weltkriegs beim Fronttheater kennengelernt und traten in London und auf den Varietébühnen der Provinz stets als Doppelnummer auf. 1921 stellte ein Kritiker fest, daß sie mit ihrem »musikalischen Können und ihrer heiteren Schlagfertigkeit« eine Bereicherung für die Revue *Pot Luck* im Vaudeville darstellten. In *The Punch Bowl*, einer Revue, die 1924 im Duke of York lief, sang Norah Blaney im Kostüm eines venezianischen Kavaliers aus dem 18. Jahrhundert eine sentimentale Ballade, dann lieferte sie eine satirische Rede auf die Entfernung der Eros-Statue vom Piccadilly-Circus, und darauf sang sie mit Gwen am Klavier. Nach Auskunft des *Who's Who in the Theatre* zerbrach die Partnerschaft im Mai 1924 und wurde im September 1925 fortgesetzt. Wohl nicht zufällig war es genau während dieses Zeitraums, daß Joe ihrem Boot den Namen *Newg* gab.

Joe fand besonderes Vergnügen daran, Schauspielerinnen in ihrem eigenen Metier zu übertreffen und mit ihren selbsterdachten Kostümierungen und Verwandlungsspielen zu verblüffen. Einmal klingelte sie an Norah Blaneys Wohnungstür und stellte sich, mit Perücke und Overall verkleidet, als Elektriker vor. Sie wurde erst erkannt, als sie bereits alle Elektroinstallationen überprüft hatte. In einem ähnlichen Kostüm lehnte sie eine Leiter ans Haus von Gwen Farrar und beklebte die Fassade mit Plakaten, die von den *Daily News* als »sehr unpassend« bezeichnet wurden.

Das Theater hatte sich ins Restaurant begeben, in die Tanzsäle und Nachtbars – und im Gegenzug wurden Privatpartys zu Schauspielübungen. In London waren Kostümpartys große Mode, und das Tanzen wurde zur Manie. 1925 meldeten die *Evening News* mit leichter Anzüglichkeit, daß Joe Carstairs »einen Charleston tanzen kann, dem nur wenige ihrer Partner gewachsen sind«. Joe und Ruth gaben Partys in Nachtbars, an Bord der *Sonia*, auf den Vergnügungsdampfern der Themse; ihre Feiern im Mulberry Walk waren so wild, daß die Nachbarn eine Räumungsklage gegen sie anstrengten. Bei manchen dieser Feiern waren die Gäste am Ende alle nackt, aber die Kleiderordnung sah für gewöhnlich Phantasiekostüme vor. Einmal vermerkte Joe dies – ein etwas grausamer Scherz – nur auf der Hälfte der verschickten Einladungskarten. Die Gäste sollten zu ihrer USA-Party als »Hijacker, Safeknacker, Mafiosi, Jidden, College-Girls und College-Snobs, Anarchisten, Cowboys, Hochstapler, Taschenspieler, Landstreicher, Ganoven, Nutten und Pullmann-Schaffner« erscheinen. Joe selbst trat als Marine auf und Ruth als mexikanischer Bandit.

Der Held des 1928 erschienenen Romans *Orlando* von Virginia Woolf ist ein geschlechtliches Chamäleon, in Hosen wird er ein Mann, im Rock eine Frau. Die Kleider verbergen nicht sein fließendes Wesen, sondern bringen es hervor. »Es spricht sehr viel für die Ansicht, daß uns die Kleidung trägt und nicht wir die Kleider«, schreibt Virginia Woolf. »[Sie] formen unsere Herzen, unsere Sinne, unseren Ausdruck nach ihrem Geschmack.« Die Verwandlungspartys der zwanziger Jahre bildeten den Rahmen schlechthin für die halb versteckte, halb auftrumpfende lesbische Demimonde. Ihre Verkleidungen waren Verstellung und Bekenntnis in einem.

Gutbetuchte Frauen der Nachkriegsjahre konnten sich ohne weiteres in Kreisen bewegen, wo der Ehebruch als schick und die Homosexualität als modisch und aufregend galt. Obwohl Joe bis zum Ende der zwanziger Jahre mit Ruth zusammenlebte, war es für sie Ehrensache, viele Mädchenfreundschaften nebenbei zu unterhalten. Auch Ruth hatte zahlreiche Affären. Doch die Zuneigung der beiden Frauen füreinander schien darunter nicht zu leiden.

Das Glanzlicht unter den bisexuellen Schauspielerinnen, die Joe zu ihren Freundinnen zählte, war Tallulah Bankhead. Nach eher mäßigen Erfolgen auf amerikanischen Bühnen eroberte Tallulah die Herzen der Engländer 1923 im Sturm. Mit einundzwanzig Jahren wurde sie der Liebling der Londoner Gesellschaft, geschätzt für ihren frechen Witz, ihre obszöne Sprache und ihre Schamlosigkeit. »Ich bin so rein wie der Schnee in der Gosse!« witzelte sie. Besonders für die jungen Frauen war Tallulah eine Kultfigur. Als sie 1925 in Noël Cowards Stück *Fallen Angels* im Globe auftrat, verurteilte die Presse ihr Spiel als »abstoßend«, »obszön« und »verkommen«, aber die Vorstellung lief über Monate. 1928 wurde Tallulah bei der Premiere von *Her Cardbord Lover* von Tausenden weiblichen Fans bestürmt, die um ein Haar ihren cremefarbenen Bentley umgeworfen hätten. Mit Joe hatte sie ein kurzes Verhältnis. »Meine Familie hat mich vor den Männern gewarnt«, sagte Tallulah. »Von Frauen war nicht die Rede.«

Joes Schauspielerfreundinnen mieteten ihre Autos bei der X-Garage und ließen sich durch die Gegend kutschieren. Joan Mackern brachte Gwen Farrar und Norah Blaney zu ihrem ersten BBC-Auftritt. Sie fuhr auch Tallulah und Gwen bei der großen Schatzsuche, die rund um London führte, am Hyde Park begann und früh um vier mit einem großen Frühstück für alle im Norfolk House am St. James's Square endete. Joan, Gwen und Tallulah trafen als Zweite ein, mit knappem Vorsprung vor dem Prince of Wales, und gewannen fünf Pfund.

Teddie Gerard, eine andere Schauspielerfreundin von Joe, trat mit Bea Lillie und Gertrude Lawrence in dem Stück A–Z auf. »Miss Teddie Gerard, angemessen verängstigt aussehend, ersticht einen ihr nachschleichenden Chinesen«, notierte ein Theaterkritiker. Teddie, eine zarte, dunkle Frau mit orientalischen Zügen, war 1892 als Thérèse Théodora Gérard Cabrié in Argentinien geboren und hatte vor dem Krieg als Tänzerin in Paris gearbeitet. Sie verkehrte im literarisch-künstlerischen Kreis der Londoner Lesbierinnen, zu denen Radclyffe Hall und Lady Troubridge, genannt Una, gehörten. Joe zählte sich weder zu dieser noch zu irgendeiner anderen intellektuellen Clique. Im Tagebuch der Lady Troubridge vom 30. Oktober 1923 wird sie flüchtig erwähnt: »Teddie und Jo Carstairs erschienen um elf Uhr dreißig [abends] ... und blieben bis ein Uhr dreißig; wir waren froh, als wir sie wieder von hinten sahen.«

Dort, wo etwas los war, fühlte sich Joe wohler als in der Welt des Intellekts. Für ihren Freund und Sportskameraden Anthony Heckstall-Smith war sie »der Inbegriff der Zwanziger, ein schmuckes, adrettes junges Mädchen, das mit seinem kurzgeschnittenen Haar und der keck auf die Seite geschobenen blauen Baskenmütze, den blitzweißen Zähnen und seinem ansteckenden Lachen wie ein übermütiger Schuljunge wirkte – dazu kamen die Begeisterung für Tempo und Abenteuer.« In seinen Memoiren erinnerte sich Heckstall-Smith an das Nachspiel einer Party auf der *Sonia*, die nach einem Regattatag vor der Isle of Wight ankerte.

Einer von Joes Gästen fiel spät in der Nacht über Bord, als alle Rettungsboote in den Davits hingen und die Mannschaft in der Back schlief. Auch ich saß unten im Salon, in Pyjama und Morgenrock, und plauderte vor dem Schlafengehen mit einem anderen Gast, als wir Hilferufe hörten. Beide eilten wir auf Deck.

Es war eine sehr dunkle und ziemlich windige Nacht mit einer starken Springtide, die durch die Meerenge westwärts strömte. In der Aufregung und dem Durcheinander war schwer zu erkennen, was eigentlich passiert war, denn selbst Joe schien vorübergehend die Nerven verloren zu haben. Mein Kamerad, mit dem ich unten gesessen hatte, griff sich einen Rettungsgürtel und sprang über die Reling, während Joe noch immer dabei war, die Mannschaft in der Back aufzuscheuchen. Ich erinnere mich, daß ich nach achtern rannte und Hilfeschreie hörte. Als ich vom Heck hinabblickte, sah ich einen der Gäste, Ruth Baldwin, im Wasser strampeln. Ich warf meinen Pyjama ab und sprang hinunter. Bald strampelte ich mit der verschreckten Ruth, gegen die ich nur eine halbe Portion war, um die Wette, und ich glaubte wirklich, sie würde mich ersäufen. Während wir da unten herumruderten, kam mir die entsetzliche Erkenntnis, daß Joe gebrüllt hatte, Mabs, ein anderer Gast, wäre über Bord gegangen. Von Ruth hatte sie nichts gesagt. Niemand wußte also, daß ich mit ihr im Meer trieb. Gegen die starke Strömung zurück zur Sonia zu schwimmen wäre fast über meine Kräfte gegangen, selbst wenn ich allein gewesen wäre. Und da ich die verzweifelte Ruth halten mußte, kam es nicht in Frage. Mir blieb nur die Möglichkeit, mich auf den Rücken zu legen und uns von der Flut treiben zu lassen, immer weiter weg von der Jacht.

Wie lange wir im Wasser waren, weiß ich nicht, aber es muß eine beträchtliche Zeit gedauert haben, bis wir schließlich von der Barkasse einer nahen Jacht, der Amphitrite, aufgefischt wurden. Sie gehörte Colonel Gage und ankerte nicht weit von der Sonia, die dortige Mannschaft hatte unsere Hilferufe gehört. Als uns die Barkasse erreichte, war ich praktisch schon bewußtlos. Irgendwie hatte sich auch Ruth im Handgemenge von ihrem Pyjama getrennt, wir waren also beide splitternackt.

Colonel Gage war Mitglied des Royal Yacht Squadron, und kaum hatte ich mich ein wenig erholt, wurde mir klar, welchen Skandal dieser Vorfall am nächsten Tag in Cowes erregen würde.

Zu Joe, die bei mir in der Kabine saß und mir Brandy einflößte, sagte ich: »Laß uns gleich im Morgengrauen nach Southampton verschwinden. Ich bin sicher, daß du den Klatsch und das Getuschel genauso wenig erträgst wie ich.«

Dann sank ich in gnädigen Schlaf. Als ich aufwachte, lagen wir vor Hythe, und ein paar Stunden später raste unsere ganze Gesellschaft in zwei von Joes schnellsten Autos nach London. Trotzdem war man in Cowes ganz aus dem Häuschen, sie hatten Gesprächsstoff für Wochen, und ich mußte immer wieder erklären, wie es kam, daß ich und Ruth Baldwin mitten in der Nacht deshabillés durchs Meer trieben.

Als Colonel Gage auf die Idee kam, mich für den ein oder anderen Orden vorzuschlagen, bat ich ihn inständig, den ganzen Vorfall zu vergessen.

Joe und Ruth schienen ständig ins Wasser oder in andere Katastrophen zu stürzen, zu kentern und wieder hochzukommen. Sie lebten in einer Welt, in der es drunter und drüber ging, in der Frauen Zigarillos rauchten und Brandy tranken, Lesbierinnen nackt mit netten jungen Männern erwischt wurden, Puppen als Lords durchgingen und reiche Erbinnen als Automonteure. Joe steuerte ihre Sanitätsfahrzeuge durch den Schlachtenmüll des Ersten Weltkriegs, dann ihr Motorboot durch die trüben Fluten der Themse, sie hatte Spaß daran, Turbulenzen zu erzeugen, ob im Kanal vor Southampton oder in den Gemütern der älteren Generation – stets waren es Bravourstücke wie die lebensgefährlichen Rennfahrten auf dem Hydroplan. Mit ihrem Reichtum im Rücken setzte sie sich kraft ihres Tempos und ihrer Nerven über jede Mißbilligung hinweg.

9

Niemand weiß etwas über ihr Verhalten

Aus Angst, zu sinken, wagte Joe Carstairs nicht, ihr Tempo zu drosseln. Wenn sie ein ehrgeiziges Ziel erreicht hatte, wurde es sofort durch ein neues ersetzt. Bis 1927 hatte sie alle wichtigen Preise in der 1,5-Literklasse gewonnen, und jetzt trachtete sie nach dem begehrtesten Motorbootpreis der Welt, der Harmsworth British International Trophy.

Alfred Harmsworth, Eigentümer der *Daily Mail*, hatte die Regatta 1903 ins Leben gerufen, als der Motorbootsport noch in den Anfängen steckte. Antreten durften Boote bis zu dreizehn Metern Länge, und der Motorkraft waren überhaupt keine Grenzen gesetzt. Aus diesem Grund wurde die Regatta zu einem Tummelplatz für Millionäre und zur Teststrecke für die neuesten, verwegensten und leistungsstärksten Konstruktionen. In den ersten zehn Jahren gewannen die Briten den Preis fünfmal, die Amerikaner viermal, die Franzosen einmal. Während des Krieges fand die Regatta nicht statt, dann wieder 1920 in der Osborne Bay an der Nordküste der Isle of Wight. Den Sieg hatte Garfield Wood in *Miss America* davongetragen, einem Boot, das mit zwei 900-PS-Flugzeugmotoren ausgerüstet war.

Garfield Wood, »der graue Fuchs von Algonac«, sollte Joes großer Rivale werden. Er war ein furchtloser

Fahrer, ein Showtalent und voller List und Erfindungsreichtum, wenn es ins Rennen ging. 1920 trat er gegen den *Havana Special* an, den schnellsten Expreßzug der amerikanischen Atlantikküste. Er legte die rund 1800 Kilometer von Miami nach New York mit dem Boot zurück und schlug den Zug mit einem Vorsprung von einundzwanzig Minuten. Gleich am nächsten Tag setzte er die Fahrt mit einer 3400 Kilometer langen Tour über den Hudson River nach Detroit fort. Drei Monate später forderte er ein Flugzeug zum Wettkampf heraus und besiegte es auf einer 24 Kilometer langen Strecke auf dem St. Clair River mit einem Vorsprung von zwei Minuten. Seine Überlegenheit auf dem Wasser war unangefochten. Sieben Jahre lang kam kein britischer Rivale an ihn heran.

1927 gab Joe bei Sam Saunders drei neue Boote in Auftrag, mit denen sie gegen Garfield Wood antreten und auch dessen amerikanische Rekorde brechen wollte. Die drei Hydroplane, in aller Heimlichkeit gebaut, sollten die schnellsten Wasserfahrzeuge überhaupt werden und eine Geschwindigkeit von 160 Stundenkilometern erreichen. Es wurde gemunkelt, daß Joe für diese Boote 50000 Pfund bezahlte – in einer Zeit, als ein Auto für ein paar hundert Pfund zu haben war. Das waren die Boote, die Joe auf den Namen ihrer Mutter taufte, in der Annahme, ihre Mutter habe Estelle geheißen. »Ich dachte mir, sie sollte auch mit von der Partie sein«, meinte Joe und nahm auf subtile Weise Rache an ihr, indem sie »vergaß«, daß ihre Mutter nicht Estelle, sondern Evelyn geheißen hatte. Wie gründlich sie die Bindungen an ihre Familie gekappt hatte, läßt sich daran ermessen, daß es offensichtlich niemanden gab, der sie über ihren Irrtum aufklären konnte.

Estelle I, achteinhalb Meter lang und 1,80 Meter breit, war geformt wie ein Hai: elegant und schlank, die stumpfe Bugspitze wies ein wenig nach oben wie eine Haifischnase. *Estelle II* war kürzer und breiter und erinnerte an einen kleinen Wal. *Estelle III* wurde nie fertiggestellt – der ehrgeizige Entwurf überstieg das Maß des Machbaren. Die zwei vollendeten Boote waren extrem leicht, doch jeder Kubikzentimeter des Bootskörpers war mit Kraft ausgefüllt. Die dünne Holzkonstruktion mußte zwei gewaltige Napier-Lion-Motoren von 900 PS beherbergen – Motoren, die bereits Rekorde zu Lande und in der Luft gebrochen hatten. Beide Boote hatten feste, geschlossene Decks, die nahtlos in die Bordwand übergingen. Diese Konstruktionsweise verbesserte die Windschnittigkeit der Boote – um den Preis, daß es sehr schwierig war, sie wieder aufzurichten, wenn sie einmal gekentert waren. Im Juni 1928 fand in East Cowes die Bootstaufe für die *zwei Estelles* statt. Der Presse erklärte Joe: »Niemand weiß etwas über ihr Verhalten. Wir treten in eine neue Geschwindigkeitsklasse auf dem Wasser ein.«

Estelle I erwies sich als nicht beherrschbar und sank schon bei der ersten Erprobung auf dem Lake Windermere. Offenkundig gab es auch Probleme mit der kleineren *Estelle II*, denn am 22. Juli 1928 zog Joe Carstairs ihre Beteiligung an der Harmsworth-Regatta zurück. »Ich hatte mittlerweile Gelegenheit, die britischen Kandidaten für die Harmsworth-Trophy gründlich zu testen«, teilte sie mit, »und bin nach reiflichster Überlegung und nach Prüfung ihrer Seetüchtigkeit und Sicherheit leider zu der Überzeugung gelangt, daß sie nicht geeignet sind, Großbritannien auf diesem wichtigen internationalen Wettbewerb würdig zu vertreten. Daher bitte ich Sie zur Kenntnis zu nehmen, daß ich hiermit meine Anmeldung zurückziehe.«

Eine Woche später allerdings hörte sie, daß eins von Gar Woods Booten havariert war. Mit der neuen Erkenntnis bewaffnet, daß auch seine Boote nicht unverletzlich waren, machte sie ihre Abmeldung auf der Stelle rückgängig. Sie würde mit der *Estelle II* in Detroit zum Kampf um den Harmsworth-Preis antreten.

Joe wollte die 4500 Kilometer lange Überfahrt von Cowes in England nach New York im Juli beginnen, auf eigene Faust und mit einer Durchschnittsgeschwindigkeit von siebzig bis neunzig Stundenkilometern. Im Jahr zuvor hatte Charles Lindbergh seinen legendären Atlantikflug mit einer einmotorigen Maschine zurückgelegt. Joes neues Boot, ein fünfundzwanzig Meter langer Kutter mit einem stumpfen Bug, der die Ozeanwellen durchschneiden sollte, hieß *Jack Stripes*. Um sicherzustellen, daß der Schiffskörper auch die Kollision mit einem Wal oder einem Wrack aushalten würde, stellte man die Haut aus fünf Schichten Burma-Teakholz her, die nach der Consuta-Methode mit Kupferdraht vernäht waren. Verkleidet wurde dies mit einer verfugten Doppellage aus honduranischem Mahagoni. Aber als Joe das Boot im Ärmelkanal testete, erlebte sie ihr blaues Wunder. »Es bockte wie ein wildgewordener Mustang«, klagte sie. Sam Saunders feuerte seinen Konstrukteur F. P. H. Beadle, der das Boot entworfen hatte, und Joe mußte ihren Plan, den Atlantik im Rekordtempo zu überqueren, an den Nagel hängen.

Besessen trainierte sie für den Wettkampf, nicht nur auf dem Wasser, auch in der Halle. Zwei Stunden täglich boxte sie und hob sie Gewichte, bis ihre Muskeln um zehn Pfund zugenommen hatten. In Vorbereitung auf die Regatta ließ sie die Finger konsequent vom Alkohol. Im August dann trat sie zusammen mit Joe Harris, Lord Tod Wadley, Ruth und einer Schar von Freundinnen die Überfahrt von Southampton nach New York auf dem Cunard-Liner *Berengaria* an.

Die *Berengaria* hielt sofort Einzug in Joes Pantheon. »Das ist mein Schiff!« erklärte sie. Es war 1912 in Deutschland unter dem Namen *Imperator* vom Stapel gelaufen und 1920 im Zuge der Kriegsreparationen in den Besitz der Entente übergegangen. Das Schiff, das zu den größten der Welt gehörte, konnte 5 500 Passagiere aufnehmen, in dem gewaltigen schwarzen Rumpf gab es hellerleuchtete Salons mit großen Kaminen, Balkendecken, wuchtigem Gestühl und Geweihen an den Wänden. Das Schiff wirkte massiv wie ein deutsches Jagdschloß und geräumig wie ein Grand-Hotel.

In Detroit angekommen, posierte Joe mit Wadley für die Pressefotografen. Die Bildunterschrift zu ihrem Foto in einer Lokalzeitung lautete: »Ein harter Brokken, männlich wirkend: Dieses Bild könnte ohne weiteres einen Filmschauspieler darstellen, meinen Sie nicht auch? Fehlanzeige! Es ist das ausgesprochen treffende Porträt der führenden englischen Motorboot-Enthusiastin Miss M. B. Carstairs.« Eine andere Zeitung ging kommentarlos über ihr männliches Äußeres hinweg und bezeichnete sie hartnäckig als »hübsche englische Motorbootfahrerin«. Im selben Geist verfuhr auch die übrige amerikanische Presse, in der Joe stets als »Betty« bezeichnet wurde. Vermutlich handelte es sich um ein Versehen, das sich fortpflanzte, weil ein Reporter vom anderen abschrieb, aber Joe haßte diesen falschen Vornamen und war überzeugt, daß die Presse ihn aus Bosheit benutzte. Ein amerikanischer Reporter, bei dem sie sich darüber beklagte, mußte einräumen: »Jeder, der die junge Dame kennt, wird sofort einsehen, wie unpassend dieser Name ist.«

Am 2. September fanden sich 150000 Zuschauer ein, um den Kampf um die Harmsworth-Trophy zu verfolgen. Ein Artikel in der *Detroit Free Press* würdigte das Ereignis:

Mit dem Knall der Startpistole schoß Miss Carstairs *in ihrem Boot über die Startlinie, ließ das Verfolgerfeld um mehr als dreihundert Meter zurück und entschied so die erste Phase des Rennens für sich. In leichter Fahrt und ohne viel Gischt zu versprühen, lag damit das englische Boot gut im Rennen, und es sah so aus, als würde Wood vor der größten Herausforderung seiner Karriere stehen.*

Im Angesicht der Gefahr … ging Wood mit seiner Miss America VII *zum Angriff über … Die zwei starken Packard-Motoren heulten auf, und die Flammen schossen aus den Auspuffrohren. Wood verringerte den Vorsprung und überholte das Carstairs-Boot, als es gerade die Brücke passierte …*

Die Engländerin ging nun richtig ins Rennen und folgte

dichtauf im Kielwasser von Wood ... Miss Carstairs bewältigte die Wende und ging wieder in die Gerade, als plötzlich und ohne Vorwarnung ihr Boot abhob, Bug voran ins Wasser stürzte und Miss Carstairs samt Mechaniker über Bord warf ...

Als das Schnellboot herbeieilte, um die Unglückscrew zu bergen, gab Miss Carstairs ein Zeichen, daß sie wohlauf sei, und verwies auf [Joe] Harris, der sich in fast bewußtlosem Zustand nur noch mit Mühe über Wasser halten konnte. Miss Carstairs schwamm heran, verfolgte, wie ihr benommener Mechaniker ins Rettungsboot gehievt wurde, und kletterte nach ihm an Bord.

Joe Carstairs versicherte danach, sie wäre bei dem Unfall umgekommen, wenn die Bootshaut starr verfugt statt mit Kupferdraht vernäht gewesen wäre. Sie wurde seitlich durch die Bordwand geschleudert, als das Boot auf Grund stieß. Als sie wieder an die Oberfläche kam, kaute sie weiter ihren Kaugummi, als wäre nichts geschehen. »Die anderen Boote kamen auf uns zu, ich dachte, sie würden uns den Kopf absäbeln.« Joe Harris wurde untersucht, und es zeigte sich, daß er sich zwei Rippen gebrochen hatte. Nach dem Abendessen stellte sich heraus, daß Joe Carstairs sich sogar drei Rippen gebrochen hatte, aber sie ging ungeachtet dessen tanzen. Später behauptete sie, die amerikanischen Rivalen hätten die *Estelle* in unruhiges Wasser getrieben, um Joe umzubringen, bei anderer Gelegenheit sprach sie davon, man habe ihr Zucker in den Tank getan.

Die *Detroit Free Press* würdigte Joes Heldenmut: »Obwohl sie Pech hatte und sich ihr Unfall mit atemberaubender Plötzlichkeit ereignete, gab Miss Carstairs eine Kostprobe von ihrem fahrerischen Können, wie es nie zuvor von einer Frau geboten wurde ... Insgesamt übertraf sie damit auch Wood.« Joe hatte sich damit den Ruf der weltschnellsten Frau auf dem Wasser erworben. Aber das war ihr natürlich nicht genug.

Da die Boote der Saunders-Werft von 1928 sie enttäuscht hatten, gründete Joe Carstairs ihre eigene Bootswerft am Medina River in East Cowes. Sie stellte eine Crew von sechs Leuten zusammen, und zu Ehren einer Freundin nannte sie die Werft Sylvia. Joe Harris war der Chefingenieur, Arthur »Gubby« Gubbins der Vorarbeiter, Jemmy Dexter der Maler und Bert Hawker der Konstrukteur. Wieder wurden Joes Vorbereitungen auf die nächste Harmsworth-Regatta geheimgehalten. Um die kleine Werft ließ sie hohe Mauern errichten – eine Vorwegnahme der Mauern, hinter denen sie sich später auf Whale Cay verschanzen würde. In der Presse wurde das Boot, an dem sie baute, als *»hush-hush boat«* bezeichnet, als *»mystery boat«* oder als *»Q boat«*.

Als *Estelle IV* im Juni 1929 fertig war, lud Joe ihre Mannschaft zu einem Festessen in die Victoria Tavern ein, ein Gasthaus in der Nähe der Werft, bevor sie das Boot im Medina River vom Stapel laufen ließ. »So, das wär's«, sagte sie, als es ins Wasser rutschte, und hängte eine ihrer verballhornten Redensarten an: »Der Rest liegt auf den Knien der Götter.« Joe ging sorglos mit den Worten um und vertraute darauf, daß sie richtig verstanden wurde. Als sie einmal nach den Quellen ihrer erstaunlichen Energie gefragt wurde, zog sie sich geschickt aus der Affäre: »*Effluvium* – so nenne ich das. Ich weiß nicht, ob das Wort im Lexikon steht.« Sie spielte mit ihrer Sprache wie ein Kind, halb aus Gleichgültigkeit, halb aus Freude an ihren Ausrutschern und verdrehten Wortkombinationen.

»Miss Carstairs Boot ist einer der saubersten Entwürfe, die man je gesehen hat«, meldete der *Manchester Chronicle*, »mit gestreckter, elegant geschwungener Linienführung.« Die Zeitschrift *Yachting* pries es als »schönes Boot, elfeinhalb Meter schwarzglänzender Rumpf, wohlproportioniert und ausgestattet mit allem, was es schnell macht«. Dem *Daily Telegraph* zufolge war es »das wundervollste Motorboot, das je gebaut wurde«. Obwohl graziös und stromlinienförmig, war *Estelle IV* ein massig-robustes Gefährt. *Estelle II* sei daran gescheitert, sagte Joe, daß sie zu klein und zu leicht gewesen sei. Der Bootskiel bestand nun aus massiver englischer Eiche, die Flanken aus ecuadorianischen Hölzern, und zu beiden Seiten prangte der aufgemalte Union Jack. Ausgerüstet war das Boot mit drei 935-PS-Motoren von Napier Lion und drei Schrauben.

Weil die Harmsworth-Regatta des Vorjahrs soviel Aufsehen erregt hatte, fand sich 1929 die dreifache Zahl von Zuschauern in Detroit ein – eine halbe Million –, um das Rennen zu verfolgen. In den Probeläufen erreichte *Estelle IV* eine Durchschnittsgeschwindigkeit von etwa hundert Stundenkilometern – ein neuer britischer Rekord. Aber im Rennen selbst wollte das Boot nicht gehorchen und rammte einen im Wasser treibenden Baumstamm, wobei ein Motor Schaden nahm. Garfield Wood triumphierte erneut. »Zumindest im Hinblick auf die Konkurrenz«, berichtete *Yachting*, »hat sich der groß angekündigte Kampf um den internationalen Harmsworth-Preis als betrüblicher Fehlschlag erwiesen.« Zu allem Überfluß stürzte die *Estelle IV* beim Verladen nach dem Rennen vom Kran und wurde beschädigt.

Im Oktober stellte sich Joe einem Interview mit Lillian Sabine von der amerikanischen Zeitschrift *Motor Boating*. Die Reporterin fand Joes »ausgelassene Jungenhaftigkeit« sympathisch und sah ähnlich wie Heckstall-Smith darin nichts Abwegiges, sondern einen Ausdruck des Zeitgeistes. »Sie hat eine direkte Art«, schrieb Lillian Sabine, »unaffektiert und selbstsicher. Sie ist von unumwundener Aufrichtigkeit – im Geist der Modernität. Mehr als jeder andere, den ich kenne, scheint mir Marion Carstairs das Produkt ihrer Generation zu sein.«

Aber ganz so geradlinig war Joes Auftreten auch wieder nicht. Ihr Drang, gesehen zu werden, hielt sich die Waage mit ihrem Verlangen nach Rückzug, und um sich zu verstecken, spielte sie den »Geist der Modernität« aus, eine festgeschriebene, stilisierte Rollenidentität. Darin war sie tatsächlich ein Kind ihrer Zeit. Am Ende ihres Interviews rief sie einem Mädchen aus ihrer Gefolgschaft zu: »Führe Lord Tod Wadley herein!« Wadley wurde gebracht, und Joe setzte ihn feierlich auf Lillian Sabines Hand, als wäre er ein Stück von ihr. »Wenn irgend etwas passiert, würde ich ihn zuerst retten«, sagte sie. Dann, um ihre Identität völlig von ihrer Person zu trennen, wies sie auf eine andere Frau im Raum und sagte: »Das dort ist Marion Carstairs.«

10

Ein absurdes Männchen

Gegen Ende der zwanziger Jahre wandte sich die Stimmung gegen Joe Carstairs und ihresgleichen. Das Draufgängertum, auf das sie sich soviel zugute hielten, wurde zunehmend als eine Rebellion gegen die Natur aufgefaßt. In den ersten Jahren nach dem Krieg hatte man in maskulinen Frauen – schlimmstenfalls – eine kuriose Zeiterscheinung gesehen, aber der Roman *Quell der Einsamkeit* von Radclyffe Hall, der 1928 erschien, führte unwiderruflich zu ihrer Sexualisierung. Die Heldin des Romans war wie Joe Carstairs eine gutsituierte Frau, die Herrenkleider trug, wie Joe hatte sie als Sanitätsfahrerin in Frankreich gedient, und wie Joe hatte sie eine Geliebte. Das Buch wurde verboten. In einem der zügellosen Leitartikel, die nun an der Tagesordnung waren, wetterte der Herausgeber des *Sunday Express* gegen die Homosexualität:

Impertinenz

Mir ist wohl bewußt, daß sexuelle Inversion und Perversion Abscheulichkeiten sind, die heute mitten unter uns stattfinden. Sie spreizen sich in aller Öffentlichkeit mit wachsender Unverfrorenheit und mit zunehmend frech-provozierender Prahlerei. Die dekadenten Apostel des bösartigsten und verwerflichsten aller Laster verbergen ihre Entartung und ihre Verkommenheit nicht mehr.

Offenbar glauben sie, daß die Geduld der englischen Bevölkerung keine Grenzen kennt. Und sie scheinen sich auch noch an der Verhöhnung der öffentlichen Meinung zu weiden. Nein, sie scheuen die Öffentlichkeit nicht. Im Gegenteil, sie suchen sie, und sie ziehen Genuß aus ihrem fragwürdigen Ruhm. Die Folge ist, daß diese Pest die jüngere Generation verwüstet. Sie zerstört junge Leben. Sie besudelt junge Seelen.

Die Seuche

Ich sehe, wie die Seuche sich schamlos über große Bereiche der Gesellschaft ausbreitet. Ich höre das Flüstern junger Männer und junger Frauen, die außerstande sind, diesen unaussprechlichen Vorgang der Zersetzung zu begreifen. Beiden Wahrnehmungen sind auch gesunde und unschuldige Gemüter ausgesetzt. Niemand kann sich dieser Ansteckung entziehen. Sie durchdringt unser gesellschaftliches Leben.

Vielleicht ist es ein versteckter Segen oder ein versteckter Fluch, daß diese neuartige Erscheinung unserer Gesellschaft die unerquickliche Aufgabe aufzwingt, vor der sie sich bisher gedrückt hat; die Aufgabe, sich von den Geschwüren dieser Leprakranken zu säubern, damit wir wieder reine und natürliche Luft atmen können …

Das englische Volk zögert noch, sich im Zorn zu erheben und die Heerscharen des Bösen zu vernichten. Aber wenn es einmal erzürnt ist, gibt es kein Pardon mehr, und dann Gnade Gott denen, die seine Toleranz und seine Duldsamkeit mit Füßen treten.

Im selben Jahr wurde die erste räuberische Lesbierin – die Gräfin Geschwitz in der *Büchse der Pandora* – auf der Leinwand vorgeführt. Damit entstand in der

Öffentlichkeit eine machtvolle Verbindung zwischen den »Mannweibern«, die der Erste Weltkrieg hervorgebracht hatte, und den maskulinen »Invertierten«, die nun plötzlich ans Licht gekommen waren.

Die Schulmedizin hatte bereits im 19. Jahrhundert zur Kenntnis genommen, daß es körperliche Liebe zwischen Frauen gab, und solchen Frauen eine Vielzahl von Etiketten angehängt: Sie waren »Invertierte«, das Zwischengeschlecht, das dritte Geschlecht, Urninden, Männer in einem Frauenkörper. In den zwanziger Jahren wurde es noch verhexter: Freud erklärte in seinem Aufsatz von 1920, *Die Psychogenese eines Falls weiblicher Homosexualität*, die lesbische Liebe mit einer Zurückweisung durch den Vater zu begründen, und brachte damit den Gedanken einer psychologischen »Heilung« ins Spiel. Zugleich wurde durch das Manipulieren und Transplantieren von Drüsen nach Art eines Serge Voronoff die Erwartung geweckt, daß sich sexuelle Abweichungen mit medizinischen Mitteln korrigieren ließen. »Es ist nicht nur möglich, sondern sogar wahrscheinlich, daß es gestörte Sexualfaktoren beim Menschen genauso gibt wie bei den Motten«, schrieb der Biologe Julian Huxley 1922. »Daraus ergeben sich mehrere Schlüsse, als erster insbesondere die Möglichkeit, Fälle sexueller Perversion durch Injektionen oder Organverpflanzung zu heilen.«

Die Furcht kam auf, daß es sich bei der lesbischen Liebe um eine Seuche handeln könnte. 1929 wurde eine Frau zu Gefängnis verurteilt, weil sie unter dem Namen Colonel Barker als Mann gelebt hatte. »Sie haben ein schlechtes Beispiel gegeben«, erklärte der Richter, »dem andere folgen könnten, wenn Ihr Tun ungestraft bliebe.«

Sportlerinnen wurde vorgeworfen, sich einem gefährlichen, fieberhaften Übereifer hinzugeben. »Unsere Mädchen sind zu emsig«, titelten die *Daily News* 1929. »Übertreiben sie beim Sport? Die Experten warnen.« Die Zeitungsleser wurden darüber belehrt, daß in der Begeisterung jede Zurückhaltung aufgegeben werde – mit bedenklichen Folgen für den Körper. Der Artikel richtete sich namentlich gegen den Sport, zielte aber ausdrücklich auch auf Sittenverfall und lesbische Neigungen bei jungen Mädchen. »Das Problem ist der Übereifer«, führte der Artikel weiter aus. »Sie wird vom ›Fieber‹ gepackt ... Es geht dabei munter zu, aber es kann gefährlich werden.«

Um 1930 schlichen sich in die Presseberichte über Joe Carstairs säuerliche Töne ein, den Reportern kam ihr Auftreten jetzt eigensinnig und störrisch vor. Vielleicht hatte auch ihre Geduld gegenüber den Journalisten nachgelassen, seit in einer amerikanischen Zeitung Lord Tod Wadley als »absurdes Männchen« bezeichnet worden war. Joe Carstairs wurde nun als Möchtegern-Mann gesehen, als lachhafte oder unheimliche Erscheinung. Eigenheiten, die nie zuvor erwähnt worden waren – ihr Kaugummikauen und Spucken, ihre Tätowierungen, ihre Flüche –, wurden nun zum Thema. »Sie raucht ununterbrochen«, schrieb ein Journalist, »aber nicht mit lässiger weiblicher Grazie, sondern mit den ruckhaften, entschiedenen Gesten eines Mannes.« *Estelle IV* war für die klaren Formen und die elegante Linienführung gelobt worden. Als *Estelle V*

1930 vom Stapel lief, hieß es nur noch: »stark, aber häßlich«. Während die übermütigen zwanziger von den nüchternen dreißiger Jahren abgelöst wurden, mehrten sich die Stimmen, die Joe Carstairs' Temperament, ihre Unabhängigkeit und Experimentierfreude als abwegig und krankhaft hinstellten.

In den Zeitungen wurde diskutiert, ob der Rennsport nicht überhaupt ungesund sei. Vielleicht waren Geschwindigkeitsrausch und unersättlicher Rekordhunger gar kein Zeichen des Fortschritts, sondern im Gegenteil der Dekadenz? Joe stellte jetzt ihre Rennleidenschaft – und indirekt auch ihre geschlechtlichen Neigungen – als eine Art Zwangshandlung dar. »Ich würde ja keine Rennen fahren«, sagte sie zu einem Reporter, »aber ich kann nicht anders.« Viele Rennsportler fühlten sich gedrängt, in Interviews und Artikeln Rechtfertigungen für ihr Tun ins Feld zu führen, indem sie etwa auf den wirtschaftlichen Nutzen oder den technologischen Fortschritt verwiesen, den der Rennsport mit sich bringe.

Im Juni 1930 ereignete sich ein folgenschwerer Unfall: Beim Versuch, den Geschwindigkeitsrekord auf dem Wasser zu brechen, kam der gefeierte britische Nationalheld Sir Henry Segrave auf dem Lake Windermere ums Leben. Segrave war im selben Jahr geadelt worden, nachdem er Garfield Wood in Amerika geschlagen hatte (in einem Boot von Fred Cooper, dem Konstrukteur von *Newg*). Er hatte sich bereits für die Harmsworth-Regatta von 1930 eingeschrieben, neben Joe Carstairs der einzige britische Teilnehmer seit Jahren. Joe und Segrave waren befreundet, aber auch Gegner gewesen. Nach seinem Tod wurde sie um eine Stellungnahme gebeten. »England hat einen bedeutenden Mann und einen großen Sportler verloren«, begann sie reichlich floskelhaft, um gleich darauf in die Defensive zu gehen. »Er war von abnormer Dreistigkeit ... Ich habe diese Monsterboote nie leiden können, die Sir Henry Segrave fuhr. Das habe ich schon früher gesagt, und jetzt bin ich mir noch sicherer ... Die Estelle-Boote, mit denen ich die Weltmeisterschaft zu gewinnen hoffe, sind keine Monster. Das sind ganz einfache Boote.«

Noch im selben Monat, im Juni 1930, schiffte sie sich mit *Estelle IV*, die für das kommende Rennen nachgebaut worden war, und mit *Estelle V*, einem neun Meter langen Hydroplan, nach Amerika ein. Wieder war sie der einzige britische Teilnehmer. An ihrer eigenen Abschiedsparty auf einem Themsedampfer nahm sie nicht teil, sondern ließ sich von Ruth Baldwin vertreten. »Das wird mein dritter Anlauf«, verkündete Joe bei der Ankunft in Amerika, »und wenn ich es diesmal nicht schaffe, packe ich ein. Der Motorbootsport ist zu teuer, als daß ich auf ewig damit weitermachen könnte.« Die Reporter fuhr sie grob an. »Ich will als Mann behandelt werden«, sagte sie zu einem. »Ich möchte nicht, daß man Rücksicht auf mich nimmt, bloß weil ich eine Frau bin.«

Bei den Vorausscheidungen auf Lake Muskoka im Juli brach *Estelle V* den amerikanischen Rekord mit einer Geschwindigkeit von 152 Stundenkilometern. (Der von Segrave aufgestellte Weltrekord lag bei 159 Stundenkilometern.) Aber beim Rennen am 1. September, das von der größten Zuschauermenge verfolgt wurde, die bis dahin je zu einem Sportereignis zusammengeströmt war, versagten beide Boote. Am Ende des Rennens kletterte sie an Land und spuckte aus. »Seht euch nur an mir satt«, sagte sie zu den wartenden Reportern, »denn hier komme ich nicht mehr her. Das ist mir entschieden zu teuer!« (Da sie für ihre ungehemmte Ausdrucksweise berühmt war, ist zu vermuten, daß ihr letzter Satz in Wirklichkeit ein wenig deftiger klang.) Immerhin hatte sich Joe ihre wiederholten Anläufe im Kampf um den Harmsworth-Preis eine halbe Million Dollar kosten lassen. Begriffe wie Bedauern, Angst oder Versagen waren ihr zwar fremd, aber sie war bitter enttäuscht. In ihrer Enttäuschung konstruierte sie eine seltsame Geschichte.

Wenige Tage nach dem Rennen sei Wadley bei einem Brand in einem Ferienhaus, das sie in Amerika gemietet hatte, in ernstliche Todesgefahr geraten. Im Haus sei sonst niemand gewesen, aber ein Junge habe die Puppe auf dem Fensterbrett des brennenden Hauses sitzen sehen und habe sie gerettet. Sie habe darauf dem jungen Lebensretter soviel Eis spendiert, wie er nur verdrücken konnte. Sie habe schon immer eine Schwäche für Jungen gehabt, und daß er Wadley gerettet habe, bestätige ihr, daß es zwischen Jungen überhaupt und ihr – Joe Carstairs – ein tiefes Einverständnis gebe.

Bald danach, behauptete Joe, bei der Fahrt vom Ferienhaus zum Bahnhof, sei sie mit dem Auto in einen Graben gefahren, und wieder seien sie und Wadley unverletzt geblieben.

Später fügte sie hinzu, daß ihr eine Wahrsagerin in

England vor der Abreise nach Amerika derartige Voraussagen gemacht habe: Ihre Rivalen würden einen Bootsunfall herbeiführen und versuchen, sie zu töten, ihr Haus würde abbrennen und ihr Auto in einen Graben fahren. All diese Voraussagen, sagte sie, seien eingetroffen. Die Zeitungen von damals bestätigen tatsächlich, daß ihr Ferienhaus 1930 abbrannte und daß Joe den Feuerwehrleuten half, die anderen Häuser zu retten. Für den Autounfall fand sich kein Hinweis, aber die Bootshavarie hatte sich zwei Jahre zuvor ereignet, bei Joes erstem Anlauf auf den Harmsworth-Preis.

Indem sie die Wahrsagerin in ihre Erzählung einfügte und die drei prophezeiten Ereignisse, die Bootshavarie, das Feuer und den Autounfall, zu einer dreifachen Errettung vor dem Tod stilisierte, verlieh Joe Carstairs dem tatsächlichen Ablauf der Dinge eine tiefere Bedeutung und eine Magie, in die auch Wadley einbezogen war. Ihre Reise nach Amerika erlangte damit epische Dimensionen – sie war nicht mehr von Niederlagen, sondern von Wundern geprägt.

Wieder in England, mußte sich Joe den zudringlichen Reporterfragen stellen, denen sie mit Fassung begegnete. »Eine attraktive junge Sportlerin gestand mir heute nachmittag mit einem Lächeln, daß ihr die Karriere wichtiger ist als eine Ehe«, schrieb ein Journalist. »Es handelt sich um Miss Betty Carstairs, die waghalsige Motorbootrennfahrerin, die ich mit Gerüchten von ihrer bevorstehenden Verlobung konfrontierte. ›Daran ist kein Wort wahr‹, erwiderte sie. ›Ich interessiere mich viel zu sehr für den Rennsport, um mich um einen Ehemann sorgen zu können.‹«

1930 spendierte Joe ihrem Freund Malcolm Campbell zehntausend Pfund für den Bau des Rennwagens *Bluebird*, mit dem er im Jahr darauf 394 Stundenkilometer erreichte und den von ihm aufgestellten Weltrekord brach. Bei der Rückkehr nach London war Campbell auf dem besten Weg, zum Ritter geschlagen zu werden. Er und sein Rennauto waren zu nationalen Idolen geworden. Joe hatte Stillschweigen über ihre Spende verlangt, aber irgendwie kam die Sache heraus, und Campbell bedankte sich öffentlich für ihre Großzügigkeit. Indem sie sich Erfolge aus zweiter Hand beschaffte, war sie in die Rolle einer reichen Mäzenin geraten, statt weiterhin durch ihre eigenen Heldentaten von sich reden zu machen. Malcolm Campbell, der Joe Carstairs einst als »den größten Sportler, den ich kenne« bezeichnet hatte, dankte ihr nun für ihr Geld. Sie war von der männlichen Bühne abgetreten und beschied sich mit dem Platz hinter den Kulissen, der traditionell den Frauen zugewiesen war. Ihren Neid auf Campbell offenbarte sie später mit dem Satz: »Gewöhnlich fährt er wie ein altes Weib.«

Auch die X-Garage bestand nicht mehr. 1928 hatte sie aufgegeben, aus dem Geschäft gedrängt von der Firma Daimler, die ihr eigenes Fuhrunternehmen eröffnete. Im selben Jahr feierten Bardie Coleclough und Joan Mackern Verlobung; Bardie heiratete 1929 den irischen Rugbyspieler Billy Tyrrell, der im Krieg sechs Orden erhalten hatte, und Joan entschied sich für einen Rechtsanwalt.

Joe fuhr ein paar Monate lang weiter Rennen für England, aber der Mißerfolg blieb ihr treu. Um wieder

Anschluß an ihre goldenen Zeiten zu gewinnen, als *Newg* und *Sonia* die englischen Regatten beherrschten, baute sie eine *Newg II* und eine *Sonia II*. Bei der Detroit News Trophy von 1931 hob *Newg II* ab, kippte über und warf Joe und Harris ab. Im selben Jahr forderte Joe die französische Bootsrennfahrerin V. Heriot zu einem 300-Kilometer-Rennen von der Isle of Wight bis zum Feuerschiff von Le Havre und zurück heraus. Die Motorjacht *Ailée* der Madame Heriot schlug die *Sonia II* mit einem Vorsprung von siebzehn Minuten. Nach Bardie Colecloughs Erinnerung war dies das einzige Mal, daß sie Joe Carstairs wütend erlebte – auf der Heimfahrt sagte Joe zu Bardie, daß sie auswandern werde. (Tallulah Bankhead hatte England im Jahr 1931 ebenfalls satt und kehrte in die Vereinigten Staaten zurück. Ihre Garderobiere Kate wurde Haushälterin bei Joe und Ruth im Mulberry Walk.)

Joe war fortan nur noch selten in Großbritannien oder in der Öffentlichkeit zu sehen. 1931 ging sie mit Wadley und Mabs Jenkins, einer Kosmetikerin, die einen kleinen grünen Skorpion als Tätowierung auf dem Schenkel trug, auf Weltreise. (Mabs war die andere Frau, die in der Nacht, als Anthony Heckstall-Smith Ruth Baldwin rettete, über Bord gegangen war.) Der Höhepunkt ihrer Reise war Indien.

»Indien zieht mich magisch an«, sagte Joe; sie vermutete, daß dort ihr Vater gestorben war. »Schon als Kind wurde mir der Umgang mit dem Gewehr beigebracht, und ich bin vernarrt ins Schießen.« Joe und Kip – so lautete der Spitzname von Mabs – schossen je einen Panther. Nachdem Kip ihren Treffer gelandet hatte, waren beide so erhitzt, daß sie in einen See sprangen, der von Krokodilen wimmelte. »Nie hat mir das Schwimmen so einen Spaß gemacht«, sagte Joe später. »Dort hab ich auch das Krokodil geschossen, das wir nach Hause geschickt haben.« Joe schoß ihren Panther aus fünfundzwanzig Metern Entfernung. »Mir war es vergönnt, daß ich mein Tier an Ort und Stelle zusammenbrechen sah«, prahlte sie. »Es ist ein wahres Hochgefühl, so etwas zu erleben. Der Panther war ein Männchen, nur knapp unter zwei Meter vierzig lang.«

In fünfzehn Monaten bereisten die beiden Frauen Kuba, Honolulu, die Fidschi-Inseln, Neuseeland, Australien, Neuguinea, Niederländisch Indien, Bali, Java und Singapur. »Nichts hielt uns auf«, sagte Joe, »es ging immer weiter und weiter.« Ein Ceylonese begleitete sie als Diener; Joe versorgte ihn und seine Familie bis an sein Lebensende. Als er sich verliebte, ersuchte er Joe, die »verehrte Miss«, um eine Heiratserlaubnis, und jedes Jahr schickte er ihr Kisten mit Tee.

Nach der Weltreise pendelte Joe ruhelos zwischen London und New York hin und her. In London lebte sie mit Ruth, in New York mit Isabel T. Pell. Sie war Arzttochter und ein »ganz bezauberndes Mädchen, mit dem ich etwas hatte«.

»Ruth paßte das überhaupt nicht«, erzählte Joe. »Sie fing an, mit ihren Gewehren herumzuwerfen, und gab keine Ruhe. Das ging ständig und ohne Unterlaß. Meistens war sie stockbetrunken. *Meine* Schuld war das sicher nicht.« Die Beziehung war in eine Krise geraten. Beide Frauen schienen die Orientierung verloren zu haben, und Ruth war stärker gefährdet, weil sie keinen

Wadley hatte, der ihr Halt geben konnte. Wie Joes Mutter war sie alkohol- und drogenabhängig, sie nahm Heroin und wahrscheinlich auch Kokain, das es in den Londoner Nachtbars reichlich gab.

Nachdem Joe fünf Boote zum Ruhm ihres Landes gebaut und gefahren hatte, benutzte sie die Boote nun dazu, ihrem Land zu entfliehen. »Ich werde Segel setzen und ein richtiger Seemann werden«, vertraute sie dem Reporter der *New York Times* an. »Das jedenfalls tue ich lieber als alles andere. Ich habe keine Ader für die Kunst oder die anderen Sachen, die man immer den Frauen zuschreibt. Ich liebe das Wasser, ich bin gern Seemann mit der freien See unter mir. Das beruhigt mich.«

Die *Sonia II* bezeichnete sie als ihr »schwimmendes Haus«. Der dreimastige 450-Tonnen-Schoner besaß drei Badezimmer und einen eichengetäfelten Salon von mehr als sechs Quadratmetern Größe. 1931 fuhr sie mit der *Sonia II* auf Schatzsuche zur Kokosinsel 750 Kilometer südwestlich von Panama, wo angeblich eine Beute im Wert von zwölf Millionen Dollar vergraben war. Dem Gerücht nach hatte der spanische Pirat Don Pedro Benito im Jahr 1822 seine geraubten Schätze auf der Insel versteckt und dann – wie Captain Flint in Stevensons *Schatzinsel* – alle Mitwisser erschlagen. Doch Joe wurde nicht fündig und segelte enttäuscht zurück – wie schon Malcolm Campbell vor ihr.

Im Jahr darauf baute Joe die *Berania*, eine Miniaturversion des Ozeandampfers *Berengaria*, den sie so liebte. Auch die *Berania* hatte eine Cocktail-Bar, eine Küche, eine Vorratskammer, einen Speisesalon und einen Decksalon (der als Tanzsaal diente), dazu drei Kabinen, einen Mannschaftsraum mit Kojen und ein Promenadendeck. Unter zwei der Kojen waren riesige Tanks gelagert, von denen jeder über zehntausend Liter Treibstoff faßte. Von Fred Cooper entworfen und auf der Sylvia-Werft gebaut, war die *Berania* hochseetüchtig und für hohe Geschwindigkeiten ausgelegt und galt als schnellste und stärkste Motorjacht der britischen Gewässer. Zugleich waren die *Berania* und die *Sonia II* die ersten Fluchtinseln für Joe Carstairs.

1933 las Joe in einer amerikanischen Zeitung eine Annonce. Zum Kauf angeboten wurde eine der Westindischen Inseln. Sie fuhr hin und besichtigte die Bahamas-Insel, und 1934 kaufte sie Whale Cay für einen Preis von vierzigtausend Dollar, um England für immer zu verlassen. Der Presse erklärte sie, der Grund seien die unzumutbaren Steuern in Großbritannien. Sie erhielt tausend Pfund wöchentlich aus ihrem Treuhänderfonds, aber später gestand sie ihren Freunden, daß sie hunderttausend Dollar Schulden habe, da sie in den zwanziger Jahren weder in England noch in Amerika Steuern entrichtet hatte. Ihre Flucht auf die Bahamas, wo niemand von ihr Steuern verlangte, sei, wie sie sagte, die einzige Möglichkeit gewesen, dem Gefängnis zu entgehen. Aber für einen Rückzug boten sich weitere Gründe an – das Scheitern ihres Traums, die schnellste Motorbootpilotin der Welt zu werden, die zerrüttete Beziehung zu Ruth und die wachsende Feindseligkeit der englischen Presse und Öffentlichkeit.

»Ich werde in Zukunft nur noch unter Farbigen leben«, verkündete sie. »Ich nehme nicht einmal ein Auto mit. Als ich die Insel gekauft habe, gab es dort keine Straßen. Jetzt baue ich Straßen und ein Haus, aber meine einzigen Transportmittel werden zwei Ruderkähne sein. Die Insel ist ungefähr vierhundert Hektar groß und fünfzehn Kilometer lang. Ich kann nicht sagen, ob ich jemals zurückkomme.«

Wieder kam Joe ihrer Demütigung zuvor, indem sie diejenigen zurückwies, die kurz davor waren, sie zurückzuweisen. »Ich möchte meine Ruhe haben«, sagte sie zu den Reportern. »Es gab Zeiten, da hatte ich kein Privatleben und keinen Schutz vor der Öffentlichkeit. Damit ist jetzt Schluß.«

11

Wer nicht wagt, der nicht gewinnt

Als Joe Carstairs ihre Insel zum ersten Mal sah, erfüllten ihre Gefühle und ihre Sehnsucht Whale Cay mit Leben. Joe meinte die Insel rufen zu hören: »Komm, ich will dich!«

Joe blieb dabei: »Die Insel hatte eine besondere Zuneigung zu mir.«

Die Bahamas, damals Britisch-Westindien, liegen vor der Küste Floridas. Am Ende des 19. Jahrhunderts beschrieb der englische Schriftsteller Gordon Lewis den Archipel als »einen vergessenen und vernachlässigten Weltwinkel«. Nicht viel hatte sich seither geändert.

Die Bewohner der Bahamas haben immer vom Meer gelebt, nicht nur als Fischer, auch als Strandräuber und Piraten seit dem 17. Jahrhundert: Häufig strandeten Schiffe in den Untiefen um die Inseln und liefen auf verborgene Riffs, wo sie zur leichten Beute der Plünderer wurden. Seit den vierziger Jahren des 19. Jahrhunderts lebten die Bahamer auch vom Export der Meeresschwämme, die sie im flachen Wasser ernteten, und in den zwanziger Jahren, während der amerikanischen Prohibition, florierte auf den Bahamas der Rumhandel. Das Leben der Bahamer ist so sehr von Wind und See bestimmt, daß sie von ihren Inseln sprechen, als wären es Schiffe: Sie haben eine Luv- und eine Leeseite. Die Luvseite, dem Wind zugewandt, ist gewöhnlich mit zähen Schlingpflanzen und Sträuchern bewachsen, die sich in die Felsen krallen, auf der Leeseite wachsen die Mangroven aus dem Wasser und bilden ein dunkelgrünes, undurchdringliches Dickicht.

1930 lebten auf den siebenhundert Inseln sechzigtausend Menschen, davon fünfzigtausend Schwarze. Die weiße Herrenschicht wohnte in Nassau auf New Providence, der Hauptstadt der Kolonie. Die anderen Inseln und Cays, auch als die äußeren Inseln bezeichnet, waren fast ausschließlich von Schwarzen bewohnt.

Um die Mitte der dreißiger Jahre litten die Westindischen Inseln unter einer schweren Wirtschaftskrise. Da die USA 1933 die Prohibition aufgehoben hatten, war der einträgliche Alkoholschmuggel in die Südstaaten über Nacht zusammengebrochen. Der Schiffsverkehr ging rapide zurück, so daß es auch für die Strandräuber kaum noch etwas zu holen gab. Die Schwammernte sank infolge des verstärkten Raubbaus. Mittlerweile hatten die USA, ebenfalls von Arbeitslosigkeit und Wirtschaftskrise betroffen, die Einwanderungsbestimmungen verschärft und damit den Bewohnern der Westindischen Inseln einen weiteren Ausweg aus der Armut versperrt. Zwischen 1926 und 1932 wurden die Inseln von einer Serie heftiger Stürme und Hurrikane heimgesucht, die Felder und Siedlungen verwüsteten. Auf den äußeren Inseln gab es die ersten Hungertoten.

Whale Cay gehört zur Gruppe der dreißig Berry-Inseln, fünfzig Kilometer nordwestlich von Nassau und 130 Kilometer östlich von Miami gelegen. Als Joe eintraf, war die Insel von einem schwarzen Ehepaar bewohnt, das den Leuchtturm wartete. Joe fragte, ob das Leuchtfeuer jede Nacht angezündet werde, und die Eheleute antworteten sehr zu Joes Amüsement: »Nein, nur bei gutem Wetter.«

Joe war nicht die erste Weiße, die den Versuch unternahm, auf Whale Cay ansässig zu werden. Ihr Vorgänger war, wie sie erzählte, ein Günstling der Königin Victoria gewesen, der gegen Ende des 19. Jahrhunderts in politische Schwierigkeiten geraten war, und gern verglich sich Joe mit ihm. »Ich war auch ein Verbannter«, sagte sie. 1906 wurde die Insel von einem Mr. Wilde erworben, der versuchte, Sisal anzubauen, eine Faserpflanze, aus der Schiffstaue hergestellt wurden, und er baute sich ein Haus aus Lehm und Weinflaschen. Aber sein Geschäft wollte nicht florieren. Er gab auf und suchte das Weite. Dann scheiterte eine Hotelkette an dem Unterfangen, aus Whale Cay einen Erholungspark zu machen. Angeblich hatte sich einer der Teilhaber in Mr. Wildes Haus umgebracht. Während der Prohibition in den zwanziger Jahren unternahmen die Amerikaner von Florida Tagesausflüge zu der Insel, um sich in einer Bar, die von Harold Christie, dem einflußreichsten Grundstücksmakler der Westindischen Inseln, unterhalten wurde, mit Rum vollaufen zu lassen. Nach Aufhebung des Alkoholverbots in den USA verlor die Insel ihren Reiz als Trinkerparadies, und Christie war es auch, der sie daraufhin an Joe verkaufte.

»Als ich die Insel sah, dachte ich, das ist jetzt meine Aufgabe«, sagte Joe. »Daraus mache ich etwas Großartiges.« Im selben Jahr schrieb H. M. Bell das Buch *Isles of June*, in dem er ausführte, daß die Kolonie Westindien »vor allem ein Land für Männer« sei, sie könne den Männern die »Festigkeit des Willens und den Pioniergeist zurückgeben, der in uns allen schlummert«. Joe hatte schwer zu kämpfen, um ihre Insel bewohnbar zu machen, doch deshalb wuchs sie ihr um so mehr ans Herz. »Ich glaube, nur die Dinge sind etwas wert, um die man kämpfen muß. Wer nicht wagt, der nicht gewinnt.«

Die Bahamas sind die abgeflachten Gipfel eines gewaltigen unterseeischen Gebirges, das sich vom Grund des Atlantischen Ozeans erhebt. Joe Carstairs war die Göttin ihres eigenen meeresumbrandeten Olymps. Wer Whale Cay bewohnt, lebt eigentlich im Ozean. Der Boden der Insel, einst Meeresgrund, besteht aus oolithischem Kalkstein, den versteinerten Überresten unzähliger Meerestiere. Die fünfzehn Kilometer lange und sechs Kilometer breite Insel erhebt sich sanft aus dem Meeresboden, der knapp vor dem Nordstrand jäh in eine Tiefe von über zweitausend Metern abfällt. Die Nordspitze besteht aus Dünen, und die Küste ist von weißen Stränden eingefaßt. Im Flachwasser rings um die Insel wimmelt das Leben. Durch das kristallklare Wasser sieht man Korallenriffe und bunte Fischschwärme: Knurrhähne, Goldbrassen, Red Snappers, Zackenbarsche, Papageifische und Engelbarsche. Weiter draußen finden sich Thunfische, Delphine, Barracudas und Haie.

Die Insel war dicht von Gräsern und niedrigem Dschungel bewachsen, überragt von Mr. Wildes struppigen Sisalpflanzen. Joe holte sich sechs Arbeiter aus

Nassau, die ihr helfen mußten, Wege freizuschlagen und eine Straße quer durch die Insel zu legen.

»Die Einheimischen waren arbeitsscheu«, sagte Joe. »Sie wußten nicht, wie sie die Sache angehen sollten. Man mußte ihnen jeden Handgriff genau vormachen. Bei alledem war es unerträglich heiß. Wir wateten bis zu den Knien im Staub. Kriebelmücken und andere Stechfliegen trieben uns fast zur Verzweiflung. An einem Punkt war ich drauf und dran, alles hinzuschmeißen. Aber ich bin ja stur.«

Joe Carstairs, stets in Khaki gekleidet, arbeitete mit den Straßenarbeitern. Während sie mit kleinen Hämmern den Kalksteinfelsen begradigten, kletterte Joe auf die Bäume, um die Richtung der Straße zu bestimmen. Der Weg durch den Busch wurde von einem alten Mann planiert, der einen kleinen Traktor fuhr und sich täglich durch drei Zigarren hindurchkaute. Das einzige andere Fahrzeug der Anfangszeit war ein roter Ford-Kleinlaster. Später fuhr Joe auf der Insel mit einem roten Motorrad herum und rief ihren Arbeitern zu: »Auf geht's, Jungs!«

Eines Morgens, bei der Frühstückspause am Straßenrand – sie aß Orangen, die Arbeiter Reis mit Erbsen –, zog sie ihr Messer aus dem Gürtel und warf es auf eine Schlange. »Und bei Gott, ich hab dem verdammten Biest glatt den Kopf abgetrennt.« Die Männer waren tief beeindruckt, und fortan hieß Joe bei den Bahamern nur noch »The Boss«. »Ich war ein Führer«, sagte Joe, »und allmächtig.«

Ihre Ansiedlung auf der Insel kam für viele wie ein Geschenk des Himmels. Während die Gebäude in die

Höhe wuchsen und sich die Straßen in die Wildnis fraßen, kamen immer mehr Leute von den Nachbarinseln herüber. Insgesamt wurden fünfzig Kilometer sorgfältig markierte Fahrwege angelegt. Der erste Neubau war der Laden. Dort gaben die Arbeiter ihr frisch verdientes Geld aus – vier Dollar pro Woche die Männer, drei Dollar die Frauen –, um sich mit Schmalz, Reis, Zucker, Tee und Kaffee einzudecken und so ihre Ernährung, die fast ausschließlich aus Fisch bestand, zu ergänzen. Zur Kühlung der Lebensmittel wurde eine tiefe Grube gegraben und mit Stangeneis gefüllt, das mit dem Schiff vom Festland kam.

Anfangs wohnte Joe mit ihren Freunden in dem Haus, das Mr. Wilde an der Nordspitze errichtet hatte. Es war termitenverseucht und voller Löcher. »Wenn es regnete«, erinnerte sie sich, »regnete es in jedem Raum.« Tag für Tag lief Joe über die gesamte Länge der Insel, um den Bau des Herrenhauses an der Südspitze zu überwachen. Der Architekt, den sie anstellte, wurde bald wieder entlassen – »er hatte zu viele Ideen«. Vorarbeiter war der Amerikaner Mickey Moore. »Ein bißchen versoffen, aber ein Prachtkerl«, befand Joe, »klein, zäh, mit kahlrasiertem Kopf, sehr gegen die Schwarzen eingestellt.«

»Mr. Moore hat meine Frau unter der Gürtellinie beschimpft«, beschwerte sich einer der Männer bei Joe Carstairs. Dafür bekam Moore Ärger mit Joe. »*Ich* konnte sie beschimpfen«, erklärte sie später. »Mir haben sie das abgenommen. Aber nicht Mr. Moore.« Joe und Moore ernährten sich von gedörrten Heringen, ihren Kaffee bereiteten sie aus dem brackigen Brunnenwasser.

Abends zog sich Moore in seine Hütte zurück, die er mit einer großen weißen Katze teilte. Auch Joe brachte eine kräftige Katze auf die Insel – zur Vertilgung der Ratten und Mäuse im Laden. Die Katzen vermehrten sich fleißig, und bald bevölkerten Scharen ihrer Nachkommen die Insel.

Zeitweise arbeiteten dreihundert Mann am Herrenhaus, stakten den Zement sackweise den Bach hinauf und gossen Beton, der mit Stahlgeflecht verstärkt war. Das Haus war 1936 fertig und ähnelte einer klotzigen spanischen Villa, weiß, mit roten Kacheln auf dem Fußboden und schmiedeeisernen Geländern; die Rasenflächen wurden mit Palmen, Tamarinden, Mandelbäumen und Meerträubchen bepflanzt, die Mauer des Anwesens säumten Oleander-, Hibiskus- und Mastixsträucher. Das Haus hatte fünf Schlafzimmer und fünf große Badezimmer, ein Speisezimmer, einen Salon und außer einer Küche noch einen Kühlraum und eine Waschküche. Beleuchtet wurden die Räume mit kupfernen Schiffslaternen, er gab Ventilatoren zur Linderung der Hitze und einen großen Kamin im Salon, falls es einmal kalt werden sollte. Die Zisterne unter dem Keller faßte an die dreihundertvierzig Kubikmeter Wasser – das Haus schwamm auf seinem eigenen Meer wie ein großes Schiff. Die Einheimischen bewohnten die Hüttensiedlung Buckle Cut, die sich an das Anwesen anschloß, oder auf den Booten, in denen sie zur Insel gekommen waren.

Joe rodete die Kokoshaine, die völlig von Unkraut überwuchert waren, und pflanzte dreitausend junge Palmen. Das Land wurde mit Humuserde fruchtbar

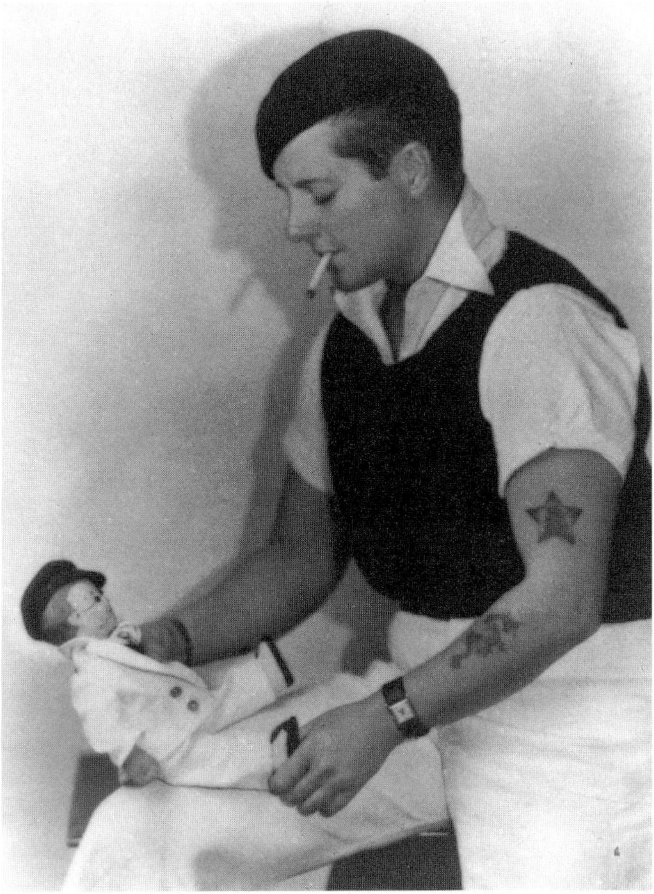

Joe Carstairs mit Lord Tod Wadley, Ende der zwanziger Jahre

»Tuffy, 1905«: Marion Carstairs im Alter von fünf Jahren

Evelyn Bostwick, die Mutter
von Marion Carstairs

Ihr mutmaßlicher Vater
Albert Carstairs

Nellie Bostwick, die Großmutter
mütterlicherseits

Joe Carstairs (links stehend) mit ihren Kameradinnen von der Dubliner Frauenkompanie, 1918

Joe mit Ruth Baldwin (links) und einer unbekannten Freundin an Bord der *Sonia* in den frühen zwanziger Jahren

Molly und Bardie Coleclough mit Joan Mackern (v. l. n. r.) vor einem Fahrzeug ihres Fuhrunternehmens X-Garage, etwa 1922

Joe Carstairs in ihrem Rennboot *Newg*, etwa 1926

Garfield Wood, Joe Carstairs, Joe Harris und ein weiteres Mitglied ihrer Crew (v. l. n. r.) in den späten zwanziger Jahren

Joe Carstairs in *Estelle II* beim Rennen um die Weltmeisterschaft in Detroit, 1928

Mabs Jenkins und Joe nach erfolgreicher Jagd in Indien, 1931

Ruth Baldwin

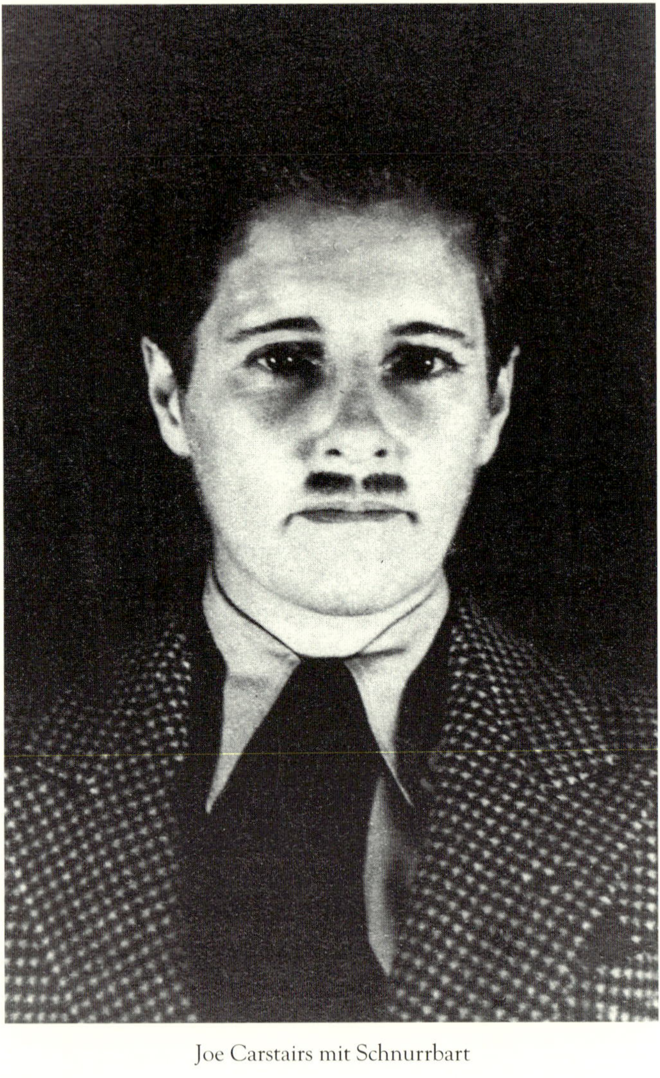

Joe Carstairs mit Schnurrbart

Joe Carstairs in ihrem Museum auf Whale Cay

Das Herrenhaus auf Whale Cay, fertiggestellt 1936

Charlotte, Joes Gefährtin auf Whale Cay in den vierziger Jahren

Jorie lebte mit Joe in den späten fünfziger Jahren auf Whale Cay.

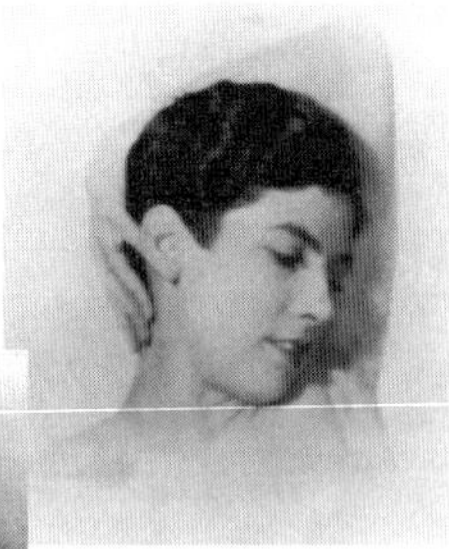

Einige der 120 Fotos, die Joe von ihren Freundinnen aufbewahrte, darunter Mabs Jenkins (a), Helen Volck (b), Blanche Dunn (c), Gwen Farrar (d) und Teddie Gerard (e).

Joe Carstairs mit Jackki bei einem Angelwettbewerb
in den fünfziger Jahren

Reverend Julian Henshaw, der Pfarrer von
Whale Cay

Joe und Jackki
in den achtziger Jahren

Wadley in den siebziger Jahren

»Narziß«, ein Foto von Wadley aus den zwanziger Jahren

gemacht und mit Regenwasser aus riesigen Zisternen bewässert. Vertiefungen und Spalten im felsigen Untergrund wurden mit Erde aufgefüllt und mit Obstbäumen oder Gemüse bepflanzt. Die Frauen hatten die Aufgabe, die Straßen von Unkraut freizuhalten, und wurden von Joe und ihren Leuten als Jäter oder Jäterinnen bezeichnet. Joe hielt nichts von Frauenarbeit: »Wenn es nicht so viele faule Männer gäbe, müßten die Frauen nicht zur Arbeit gehen.« Aber nicht alle Männer waren träge, wie Joe bald herausfand. Sie suchte sich ihre Favoriten aus, zu denen Harry Johnson gehörte, der Mann, der den Laden betrieb, und Jim Moncur, der Koch des Herrenhauses.

Joe erneuerte den Leuchtturm, rüstete ihn mit einem elektrischen Leuchtfeuer aus und baute eine Stromerzeugungsanlage, eine Funkstation, ein Schulhaus (auf einem Hügel in der Nähe des Docks) und ein Museum. Der Kornspeicher der Insel, randvoll mit Mais, Mohrenhirse und auch Kokosnüssen, war einer der größten auf den Bahamas. Joe versuchte sich zudem in der Herstellung von Fischkonserven, der Heringsräucherei und der Düngerproduktion aus Fischabfällen. Sie züchtete Schweine und auch Hühner, deren Eier anfangs nach Fisch schmeckten, weil sie so viele Krabben fraßen.

Joe kaufte weitere Inseln – Bird Cay, Cat Cay, Devil's Cay, die Hälfte von Hoffman's Cay und einen Landzipfel der rund hundert Kilometer entfernten großen Insel Andros. Auf ihren Besitzungen ließ sie Melonen, Kartoffeln, Sellerie, Erdbeeren, Spargel, Bananen, Karotten, Reis und extragroße Erdnüsse anbauen. Die Farm auf Andros war die erfolgreichste. Mit der Errichtung von Steinterrassen sorgte sie dafür, daß die Erde nicht vom Regen weggeschwemmt wurde, und zum Schutz vor der sengenden Sonne wurde der Boden mit einer Schicht von Piniennadeln abgedeckt.

Sie erwarb ein ehemaliges Rumschmugglerboot, *Vergemere III*, mit dessen Hilfe sie die Strände ebnete und an der Nordspitze der Insel einen Hafen anlegte. Als der Hafen fertig war, kamen zu der *Vergemere III*, der *Sonia II* und der *Berania* neue Boote hinzu. *Whale* und *Little Doctor* waren Fischerboote, *Elsa* ein Schnellboot und *Sophie* eine Barkasse. In einem Schuppen ließ sich Joe einen achtundzwanzig Meter langen Schoner bauen, *Vergemere IV*, den sie mitentworfen hatte. Zu ihrem Schiffspersonal gehörte ein Captain Cooke, den sie aus England kommen ließ und dessen Familie sie fünfzig Jahre lang unterstützte, nachdem er seinen Dienst quittiert hatte. *Estelle IV* wurde zur Erinnerung am Dock aufgebockt, daneben lagen die Motoren der *Estelle II*.

Mehrere Jahre lang konnten nur in Seenot geratene Schiffe Joe aus ihrer selbstgewählten Abgeschiedenheit locken. Im Dezember 1937 alarmierte sie die US-Küstenwacht in Miami, als eine Jacht mit amerikanischen Schulkindern vor Whale Cay auf Grund lief. Die *New York Times* berichtete über den Vorfall: »Ltnt. F. A. Erickson, ein Pilot der in Miami stationierten Küstenwacht, der auf Whale Cay, dem Inselkönigreich, landete, um Hinweise entgegenzunehmen, berichtete, daß ihm dort eine junge Frau in Männerkleidern, die ihren Namen als B. Carstairs angab, und ein Begleiter namens Albury den Weg zum havarierten Schiff wiesen.«

Sam Albury war Joes Verwalter. Ron Coleclough, der Bruder von Bardie und Molly, hatte diesen Posten 1934 angetreten, hielt aber die Einsamkeit nicht aus und auch nicht die lauernden Haie. Nach ein paar Monaten bekam er mit Joe Streit und reiste ab. Joe scheint ihm jedoch vergeben zu haben. Ihm und seiner Frau schenkte sie Bostwick, das Anwesen in Hampshire, und 1939 bot sie ihnen an, ihre Kinder auf der Insel vor dem Krieg in Sicherheit zu bringen.

Ruth Baldwin weigerte sich, auf Whale Cay zu wohnen. Für ihren Geschmack war es dort zu primitiv und zu einsam. Aber sie machte bei der Rückkehr von einem Ferienhaus bei Miami, das Joe ihr geschenkt hatte, auf der Insel Station. Ruths Haus besaß eine Bar mit dem Namen Wadley Arms, über der Tür prangte ein Wappen mit dem Abbild Tod Wadleys. In den ersten Jahren wohnte eine Miss Addison mit Joe zusammen, eine weiße Frau, die nach Auskunft eines Inselbewohners »wie Miss Carstairs« aussah – »wie ein Mann«. Sie stellte erlesenen Schmuck her, aber »hing schrecklich am Rauschgift«, wie Joe berichtete, und es wurde zunehmend schwierig, mit ihr auszukommen. Manchmal gingen die Auseinandersetzungen so weit, daß Joe in Ruths Haus in Florida Zuflucht suchen mußte.

Am Ende der dreißiger Jahre hatte Whale Cay mehr als zweihundert ständige schwarze Bewohner, beaufsichtigt von einer kleinen Gruppe von Weißen. Außer Albury gingen Joe auch John Howcroft und

Hugh Brooke, genannt Tim, zur Hand. Auf John war sie aufmerksam geworden, als er auf der *Berengaria* Saxophon gespielt hatte. »John war so hübsch«, sagte sie, »daß ich ihn für mich behalten habe.« John bewunderte Joe und diente ihr treu – er wurde auch losgeschickt, wenn man Ruth Baldwin aus den Matrosenkneipen von Miami zerren mußte. Doch was immer Joe glauben mochte: John war nicht ihr Eigentum, und anders als Wadley konnte er auch nicht als Talisman herhalten. Sie kam nicht damit zurecht, daß er seine eigenen Wege ging, und als er das erste Mal heiratete, kam es zum Krach. Später vertrugen sie sich wieder.

Tim Brooke war Schriftsteller, er zog 1934 zu Joe auf die Insel. 1930 hatte er einen von der Kritik gut aufgenommenen Roman *Man Made Angry* veröffentlicht, und im ersten Jahr auf Whale Cay schrieb er *Saturday Island*, einen Roman über zwei Schiffbrüchige – einen Jungen und eine Frau. Der Schauplatz des Romans erinnert an Whale Cay; die Landkarte auf dem Vorsatzblatt zeigt eine ähnlich geformte Insel, die mit Namen wie Trafalgar Square, Southampton Harbour, Balmoral und Kensington Gardens bedeckt ist. Eine kleine, vorgelagerte Insel heißt Tunbridge Wells. Tim war ein Trinker und ein Spaßvogel, der immer für Joes Einfälle zu haben war. Für ihre Gäste führten sie zu zweit Sketche auf. Joe, gekleidet wie ein Transvestit, spielte männermordende Salomes und Kleopatras.

Als das Herrenhaus fertiggestellt war, kamen die Freunde in ständigem Strom aus England und Amerika, manchmal waren es zwanzig Gäste zugleich. Auch alte Bekannte wie Malcolm Campbell, Mabs Jenkins und Bardie Coleclough waren darunter. Tallulah Bankhead kam und auch Lousia Carpenter du Pont Jenney, eine auffällig maskuline Lesbierin und Erbin eines großen Anteils des Du-Pont-Vermögens; Marti Mann, der später bei den Anonymen Alkoholikern eine wichtige Rolle spielte, und Mercedes de Acosta, eine wahre Hexe, die sowohl mit Greta Garbo als auch mit Marlene Dietrich eine Affäre gehabt hatte. Von Mercedes de Acosta wurde Joe aus der Fasson gebracht, besonders als die Besucherin anfing, Joes Geliebter schöne Augen zu machen. Letztere erinnerte sich, daß Joe ihrer Rivalin Mercedes, als sie die Insel wieder verließ, beim Einsteigen ins Wasserflugzeug einen kräftigen Stoß versetzte.

Auf der Insel schlief Joe mit einer ganzen Reihe von Frauen, die sie auf ihren jährlichen Reisen nach Europa und New York oder bei ihren Ausflügen nach Miami aufgegabelt hatte. »Ich mußte nie aufdrehen und kämpfen und siegen«, sagte sie. »Sie fielen mir einfach in den Schoß.«

Nur wenige blieben längere Zeit. Nach einer Weile ertappte sich Joe bei dem Gedanken: »Oje, nun muß ich wieder mit ihr ins Bett.« Manchmal war es schwer, sie loszuwerden. Eine solcher Freundinnen verkuppelte sie mit einem amerikanischen Filmstar, der heiraten mußte, um seine Homosexualität zu kaschieren. Aber sie hob Fotos von allen ihren Eroberungen auf. Ob sie eine gute Liebhaberin sei, wollte ein Freund von ihr wissen. »Das muß wohl so sein. Alle meinen das, also glaube ich es auch. *Ich* wäre mit mir zufrieden.« Also sei sie im Bett eine große Nummer? »Aber ja!« versicherte sie.

Obwohl Joe wenig trank und keine Drogen nahm, verliefen ihre Partys stürmisch. Sie führte Filme vor, geliehene und selbstgedrehte, veranstaltete Pokerpartien, Boxkämpfe und Jagdexpeditionen auf die Nachbarinseln, bei denen Vögel und Wildziegen geschossen wurden. Joe führte ihre Gäste zum Blue Hole, einem Krater mit zwölf Metern Durchmesser auf Hoffman's Cay, oder zum Schwimmen zum Devil's Cay. Auch Whale Cay hatten die Besucher ganz für sich. Es gab Autos zur freien Verfügung und für jeden Wind einen geeigneten Strand. (Die schwarzen Arbeiter benutzten ihren eigenen Strand. »Wir wollten sie nicht überall haben«, erklärte Joe dazu.) Joe veranstaltete Angelwettbewerbe und setzte Geldpreise aus. Nach ein paar Stunden auf See hatte sie manchmal so viele Fische gefangen, daß sie die ganze Insel davon ernähren konnte. Die Barracudas und die Haie wurden an den Obstbäumen aufgehängt.

1936 wurden Joes Renntrophäen – geschätzter Wert 900 Pfund – aus dem Haus im Mulberry Walk entwendet, in dem Ruth noch einen großen Teil des Jahres zubrachte. Bald danach kam Joe zu Besuch nach London. Sie schien verärgert, stellte der *Daily Sketch* fest. »Als ich London verließ, hat jeder die tollsten Sachen vermutet«, sagte Joe zum Reporter des Blatts. »Ich hab' keine Ahnung, wieso. Die Leute schienen zu glauben, daß ich zwingende Gründe hatte, das Land zu verlassen. Als ob ich nicht leben könnte, wo ich will! Mir gefällt es nicht in England. Ich bin britischer Untertan mit einer amerikanischen Mutter, aber ich betrachte mich nicht als britisch. Ich zähle mich lieber zur Kolonialbevölkerung – ich bin von den Westindischen Inseln.« Wütend war sie wohl wegen der lautgewordenen Vermutung, daß sie zwingende Gründe hatte, aus England zu verschwinden. Praktischerweise hatte sie vergessen, daß sie selbst es gewesen war, die 1934 ihren Weggang als erzwungen erklärte und dafür die englischen Steuergesetze, wenn nicht noch andere Dinge, ins Feld führte. (Sie brauchte bis 1945, um ihre Steuerschuld abzuzahlen.)

Um deutlich zu machen, daß sie die Welt von sich fernhielt und nicht die Welt sie verstoßen hatte, umgab Joe alle Gebäude auf Whale Cay mit Mauern. »Mir hat es so gefallen«, sagte sie dazu. »Um alles war eine Mauer gezogen.« Die Mauern waren wohl eher Bekundungen der Autorität als der Ausdruck eines Rückzugs. Indem sie sich ihr Miniaturkönigreich schuf, sperrte sie die Außenwelt nicht nur aus, sondern verlangte ihr auch Respekt ab.

12

Sie dachten, ich wäre was ganz Besonderes

Die Westafrikaner, die seit dem 17. Jahrhundert als Sklaven auf die Westindischen Inseln verschleppt worden waren, hatten den Obeah-Kult aus Afrika mitgebracht, eine Form des Voodoo. Zugrunde lag dem Obeah der Glaube an die Macht der Obeah-Frau oder des Obeah-Manns, auch als Buschdoktor bezeichnet, und an die Fetische, die sie oder er herstellte. Die Fetische konnten Gutes oder Böses bewirken, Menschen anschwellen lassen, bis sie platzten, oder sie von Krankheiten heilen. Joe Carstairs verbannte die Obeah-Riten von Whale Cay – schließlich war sie der herrschende Geist der Insel –, aber es konnte ihr nicht entgangen sein, welche Macht diese Religion ausübte und daß ihre Strukturen denen ähnlich war, die die Grundlage für ihre eigene Macht bildete.

Obeah war auf den Westindischen Inseln zwar verboten, blieb aber allgemeine Praxis. 1938 berichtete die *Nassau Tribune*, eine der beiden führenden Tageszeitungen auf den Bahamas, vom Fall Dorothy Gordon auf der Insel Eleutheria: Dorothy war ein fünfzehnjähriges Mädchen, dem angeblich kleine Glaskristalle aus der Nase traten.

Dr. Fields wurde hinzugezogen, … und die medizinische Wissenschaft fand eine Erklärung für die ungewöhnliche Erkran-

kung, doch als der Hals einer Bierflasche aus der Brust der Frau austrat und der Boden und die Seitenwand einer Ginflasche förmlich aus ihrer Brust hervorquollen, sah sich die Wissenschaft vor ein schwerwiegendes Phänomen gestellt, für das sie keine Aufklärung fand.

Die Frau gelangte letzte Woche, bald nach diesem Anfall, nach Nassau, und der Kommissar brachte bei Gelegenheit dieser Reise eine Sammlung der Glasstücke mit in die Stadt. Der seltsame Vorfall wurde auch von einem Mr. W. B. Johnson bezeugt, Tomateninspektor der Regierung, der soeben von Eleutheria zurückgekehrt ist …

»Sie versichert mir, daß die Scherbe eines Lampenzylinders vor zwei Jahren in Tarpum Bay aus der Mitte ihres Kopfes ausgetreten ist«, erklärte der Kommissar. »Die Mutter bezeugt, daß bei einem einzigen Anfall sogar fünfzig Glasscherben abgesondert wurden. Über diese weiß ich allerdings nichts zu berichten … Die Frau behauptet, sie habe eine Dosis Obeah abbekommen, welche für ihre Mutter bestimmt gewesen sei.«

Auch die Bewohner von Whale Cay praktizierten Obeah. Ein junger schwarzer Hausbursche, der viel in Joes Nähe war, wurde so eifersüchtig auf eins der Dienstmädchen im Herrenhaus, daß man ihm nachsagte, er habe sie verhext und damit zur Flucht von der Insel getrieben.

Wenn überhaupt jemand auf der Insel als Obeah-Frau gelten konnte, dann war es Joe Carstairs mit ihrer ständig umsorgten Puppe. Wadley war immer bei ihr – auf den Schiffen, im Lastwagen, auf dem Motorrad –, und die Leute vermuteten, daß er magische Eigenschaften besaß und Joes Zauberer war, der ihr alle

Geheimnisse der Anwohner verriet. Joe war so stark und furchtlos, sie mußte durch einen Zauber geschützt sein. »Ich hab' das nie begriffen«, sagte ein Bahamer, der auf Whale Cay lebte. »Das war doch sicher ihr Götze, oder?« Wenn Joe solche Vermutungen schürte, mußte sie sich nicht verstellen. Sie glaubte selbst auch, daß sie mit übernatürlichen Fähigkeiten ausgestattet war, und vermutete, daß Wadley über magische Kräfte verfügte. Eine Freundin stellte fest: »Wadley war ihre Religion.«

Eins von Joes Lieblingsbüchern war *The White Witch of Rosehall*, ein Roman von Herbert G. de Lisser, der 1929 erstmals erschienen war. Er beruhte auf Tatsachen und spielte in einer Sklavenplantage auf Jamaika – fast genau hundert Jahre, bevor Joe ihre Insel kaufte. Die »weiße Hexe« des Buchtitels ist Annie Palmer, »eine Art weiblicher Eremit«, der das Gut Rosehall gehört. »Sie hatte immer empfunden, daß sie in England nur wenig galt; daß sie dort niemandem gegenüber eine Vormachtstellung hatte. Auf Jamaika hingegen sehr wohl. Hier konnte sie allein und fast gänzlich unbehelligt das Leben führen, das sie liebte, ein Leben der Herrschaft und der Sinnlichkeit. Hier konnte sie die Kräfte, über die sie verfügte und auf die sie unbändig stolz war, unter Beweis stellen.« Annie Palmer verbietet die Obeah-Religion, um sie selbst auszuüben und den Sklaven ihren Willen aufzuzwingen. Sie ist »weiß, schön, gebieterisch, stark, furchtlos … genau die Sorte Frau, die ein abergläubisches Volk verehrt … und als eine Art Göttin betrachtet hätte … Annie gelangte zu der Überzeugung, daß sie göttliche Macht besaß.«

Wenn Annie ihren Besitz abschreitet, schwingt sie eine schwere Reitpeitsche (auch Joe soll eine Reitgerte getragen haben), und sie liebt es zuzuschauen, wenn Sklaven ausgepeitscht werden. Beim Vollziehen ihrer magischen Rituale kleidet sie sich »ganz in Schwarz und wie ein Mann«. Auch die Angst vor der Langeweile teilte Joe mit Annie Palmer. »Die Hölle muß ein Ort der vollkommenen Langeweile sein«, sagte Annie, »denn das ist die schlimmste Qual, die eine Seele erleiden kann.«

»Langeweile«, sagte Joe, »ist ein Wort, das man in Stücke reißen müßte, um zu sehen, woraus es besteht.« Damit ihr Leben nie langweilig wurde, schuf Joe ihre eigenen Mythen, inszenierte sie ihre Auftritte und Streiche. Damit parodierte sie sich selbst, und zugleich steigerte sie ihre Macht. »Es machte ihr großes Vergnügen, mit den Leuten zu spielen«, meinte eine Freundin. Joe sorgte ständig für Spaß und für Ärger. Sie liebte den Trick, ihre Gäste glauben zu lassen, sie wären lediglich Zuschauer, während sie in Wirklichkeit zu Akteuren ihrer Inszenierungen wurden. In einer Nacht instruierte sie eine Gruppe von Inselbewohnern, sich die Gesichter zu bemalen, bis auf die Shorts zu entkleiden und drohend vor dem Herrenhaus zu trommeln. Als es soweit war, lief sie zu ihren Gästen und rief, ein Aufstand sei losgebrochen. »Die Schwarzen bringen uns alle um! Erst die Schwuchteln, dann die Frauen!« Nachdem sie eine ansehnliche Panik ausgelöst hatte und die Gäste zitternd ins Obergeschoß geflohen waren, trat sie beherzt vor das Haus und gab Schüsse aus mehreren Gewehren ab. Dann kam sie wieder herein. »Das hätten wir erledigt«, sagte sie.

Der Bischof von Nassau kam 1938 nach Whale Cay, um die neuerbaute Kirche zu weihen. Vor seinem Fenster ließ Joe nachts um eins ein paar Pistolenschüsse abfeuern, und sie war tief beeindruckt, daß er diesen Vorfall am nächsten Tag mit keinem Wort erwähnte.

In den Gästezimmern des Herrenhauses brachte sie folgendes Hinweisblatt an:

Für unsere Gäste

1 Die Lichtschalter bitte nur benutzen, wenn Sie auf der dafür vorgesehenen Gummimatte stehen.
2 Alle Gäste, die ihren Morgentee im Zimmer einzunehmen wünschen, werden einer angemessenen Behandlung unterzogen.
3 Wir empfehlen unseren Gästen, *unter* den Betten zu schlafen, da die Direktion für abträgliche Unbeständigkeiten in denselben nicht haften kann.
4 Bitte verzichten Sie auf die Betätigung des Summers für den Zimmerservice. Unser Personal hat von 8 bis 22 Uhr Pause.
5 Olivenkerne, Rasierklingen, Geldkassetten oder Zeitungsartikel von Walter Winchell in den Betten verwirren nur das Personal. Für diese Zwecke steht Kleenex zur Verfügung.
6 Vergessen Sie den Kalender. Die Direktion feiert die Feste nicht, wie sie fallen.
7 Die Motten in den Kleiderschränken bitte nicht stören. *Brutzeit!*
8 Bitte keine Kleidungsstücke in den Schreibtischfächern deponieren. *Erwarten Sie keine Begründung dafür!*

9 Das Betrachten der Bilder ist zu unterlassen, da *unmoralisch!*

Das absurde und anarchische Reglement sollte belustigen und verunsichern. Aber Joe liebte auch handfestere und entsprechend sadistische Streiche. Als eine ihrer reichen Freundinnen eine Stelle in einem New Yorker Nobelkaufhaus antrat, war sie empört über diese vermeintliche Ungerechtigkeit: Konnte den Posten nicht jemand bekommen, der das Geld nötiger hatte? Verkleidet als russische Gräfin (ausländische Akzente konnte sie perfekt imitieren), in Begleitung von Tim Brooke und einem Italiener, beide in schwarzem Anzug und Hut, suchte sie das Kaufhaus auf. Als sie von ihrer Freundin, die sie unter dem dicken Make-up nicht erkannte, bedient wurde, verkündete sie plötzlich, daß ihr Smaragdring verschwunden sei. Das Kaufhaus wurde auf den Kopf gestellt, und als Joe ihren Ring schließlich »wiederfand«, beharrte sie auf der Behauptung, die Verkäuferin habe versucht, ihn zu stehlen. Ihre Freundin wurde gefeuert.

Joe verkleidete sich gern als Frau. Auf Kostümpartys trug sie altmodische Kleider und ein überdrehtes Make-up, für ihre Einkaufsausflüge nach New York schmückte sie sich mit einer blonden Perücke, einem Chiffonkleid, einer Pelzstola und hochhackigen Pumps. »Für sie war das der Inbegriff der Kostümierung«, bemerkte ein Freund dazu. Im Elizabeth-Arden-Schönheitssalon von Miami streifte Joe eines Tages der Schaufensterpuppe die Dessous ab und zog sie über ihre Khakibluse und die Hose, dann stülpte sie sich die Perücke der Puppe über und stolzierte in diesem Aufzug über die Straße, ohne eine Miene zu verziehen.

Immer wieder Spaß machte ihr die Kostümierung als Doktor. In den vierziger Jahren hatte sie eine berückend schöne Freundin, der sie, möglicherweise wegen ihres ausgeglichenen Temperaments, den Spitznamen »Cow« oder »Cowley« verpaßte. Joe selbst war »Dockle«, weil sie so gern den Doktor spielte. Bei einer Kostümparty auf Whale Cay bot sie den Gästen die bildliche Darstellung ihrer Spitznamen: Verkleidet als Doktor mit Zylinderhut und Abraham-Lincoln-Bart, führte sie eine leibhaftige Kuh in den Salon. (Als die Kuh starb, wurde sie auf der Insel begraben und erhielt einen Grabstein mit der Aufschrift »Cowley Really«.) Auf einer anderen Party entstieg die menschliche – und splitternackte – Cowley einem Schrankkoffer und spielte den *Hummelflug* auf der Flöte. Kühe aus Stoff, aus Fell, aus Porzellan füllten zu der Zeit die Regale, manche begleitet von Miniaturdoktoren. Eine dieser Spielzeugkühe wurde von Joe mit Zärtlichkeiten verwöhnt und sah bald ziemlich zerschlissen aus.

Es scheint seltsam, daß Joe so gern in die Rolle des Doktors schlüpfte, war das doch der Beruf des ihr so verhaßten Serge Voronoff gewesen, des vierten Gatten ihrer Mutter. Andererseits wirkten alle Männer ihrer Mutter auf sie als Vorbild: Roger de Perigny war der Playboy mit der Vorliebe für schnelle Autos, und in ihrem privaten Regiment, das sie auf Whale Cay führte, läßt sich der kombinierte Einfluß von Albert

Carstairs und Francis Francis erkennen, die beide als Kolonialoffiziere gedient hatten.

Indem sich Joe heilende Kräfte zuschrieb, wurde sie so etwas wie der Buschdoktor der Insel. Sechs Wochen lang hatte sie sogar das Kommando über ein Schiff des Roten Kreuzes, das die Kleinen Antillen mit medizinischer Hilfe versorgte. Joes Miniaturkrankenhaus auf Whale Cay trug den Namen Estelle – zum Andenken an die Sanitätsdienste ihrer Mutter im Burenkrieg und im Ersten Weltkrieg (der wirkliche Name ihrer Mutter war ihr noch immer nicht gewärtig). Joe besaß zwar eine medizinische Grundausrüstung, etliche Bücher und rudimentäre Kenntnisse aus ihrer Dienstzeit beim Roten Kreuz während des Ersten Weltkriegs, doch die Kranken behandelte sie vorwiegend nach Gefühl. »Sie haben felsenfest an mich geglaubt«, erklärte sie. »Sie dachten, ich wäre was ganz Besonderes.«

Eine Jäterin klagte über Herzbeschwerden. »Ich werde dich heilen«, sagte Joe. Sie gab der Frau Peptobismol gegen Sodbrennen, und ihr Zustand besserte sich rasch. Zum Dank wollte die Jäterin für den Boß tanzen. »Sie haben mich vorm Grab errettet!« jubelte sie. Andere Heilungen waren weniger spektakulär: Mit der Hilfe einer Inselbewohnerin kurierte Joe einen Mann, der seit sechs Wochen unter Verstopfung litt, indem sie ihm sechs Klistiere verpaßte. »Jetzt wird operiert!« lautete einer ihrer beliebtesten Schlachtrufe.

Obeah-Männern oder -Frauen wurde nachgesagt, daß sie Diebe und Ehebrecher entdecken und bestrafen konnten – auch Joes Erfolge beim Aufspüren von

Unruhestiftern waren erstaunlich, und immer wieder gern erzählte sie von ihren Auftritten. Jeden März, sagte sie, wurden die Anwohner von einem Zustand der Ruhelosigkeit und Gewalttätigkeit gepackt, gegen den sie regelmäßig einschreiten mußte. 1940 verwies sie 150 Leute der Insel, nachdem es bei einem Tanz zu einer besonders heftigen Schlägerei gekommen war.

Eines samstags abends hörte Joe wieder Tumult vom Laden her, wo der Tanz stattfand. Sie nahm eine große Fackel und verließ das Herrenhaus, um nach dem Rechten zu sehen. Die Leute hatten sich im Laden versteckt. Ein Mann mit einem Messer sei da draußen, sagten sie, dem die Bierrechnung zu hoch sei – »Er will uns erstechen.« Sie befahl ihnen, alle miteinander herauszukommen, und fand draußen vor dem Laden einen kleinen, dunkelhäutigen Mann in Matrosenkluft vor, der mit einem Taschenmesser fuchtelte. »Hör mir zu, mein guter Junge«, sagte sie. »Kommst du mir zu nahe, ziehe ich dir eins mit der Fackel übers Gesicht. Das bringt viel mehr Wirkung als dein albernes kleines Taschenmesser.« Dann gab sie Befehl, ihn von der Insel zu verbannen und auf einer weit entfernten anderen Insel abzusetzen. Einer der Bewohner stimmte mit verspätetem Heldenmut zu: »Wir lassen uns unseren Boß nicht in Stücke schneiden!«

»Der schneidet hier niemanden in Stücke«, erwiderte Joe, »der kriegt kräftig eins übergebraten!«

Ein anderes Mal kam ein Mann und meldete, daß alle seine Ersparnisse aus einem Koffer unter seinem Bett gestohlen worden seien. Sie rief den Mann, den sie verdächtigte, zu sich und fragte ihn, ob er der Dieb des Geldes sei. »Da möge mich der Blitz des Herrn Jesus treffen, ich war's nicht!« beteuerte der Mann.

»Du bist ein verdammter Lügner!« brüllte Joe und ließ eine ganze Flut von Beschimpfungen auf ihn los. Darauf zog der Verdächtigte eine Latte mit einem Nagel hervor und erhob sie gegen Joe. Sie zog ein Messer aus ihrer Gesäßtasche. »Was willst du mit dem Brett?« sagte sie. »Ein Schritt, und du hast das Messer im Bauch!« Er ließ seine Waffe fallen und gab das gestohlene Geld zurück.

Eines Morgens um sieben entdeckte Joe, daß ihr Safe mit der Axt aufgebrochen und der Wochenlohn ihrer Arbeiter gestohlen worden war. Darauf verkündete sie der ganzen Bevölkerung: »Jedes Haus wird durchsucht, auch das Herrenhaus. Niemand kriegt etwas zu essen, bis das Geld wieder da ist. Ohne Widerrede. Dann werden wir eben alle hungern.« Gegen Mittag kam ein junger Mann und meldete, er habe das Geld gefunden, in Papier gewickelt und in einem Dickicht versteckt. »Sehr gut«, sagte Joe. »Wer immer es gestohlen hat, er möge in Frieden ziehen. Punkt eins geht alles an die Arbeit.«

Jeden Morgen stellten sich die Inselbewohner, die Probleme oder Beschwerden hatten, in einer Schlange vor dem Herrenhaus auf und warteten, daß Joe vom Frühstück kam, ihrer wichtigsten Mahlzeit des Tages. Sie hörte sich die Klagen an, die sich oft auf Streitigkeiten um Frauen oder Bier bezogen, und entschied je nach Sachlage. Ehebruch wurde streng bestraft, weil Joe den außerehelichen Verkehr verwerflich fand. Sie finanzierte die Hochzeiten und versorgte jedes Pärchen mit einem schmucken Häuschen, während die ledigen Männer in Baracken wohnen mußten. Normalerweise wurden Ehebrecher von der Insel verbannt, aber mindestens in einem Fall, 1939, ließ sie den Sünder auspeitschen. Der legte Beschwerde bei der britischen Regierung ein, wo jedoch entschieden wurde, daß der Eigentümer einer Insel des Königreichs auch die Gerichtsbarkeit über die gesamte Bevölkerung innehabe. Währenddessen verführte Joe in ihrem Herrenhaus eine Freundin nach der anderen. Diese offenkundige Heuchelei läßt sich vielleicht mit Joes Ekel vor heterosexuellem Sex erklären oder mit einer unverminderten Wut auf den ehebrecherischen Lebenswandel ihrer Mutter – oder einfach damit, daß sie sich über Gesetz und Moral stellte. Weniger streng verfuhr sie mit Männern, die ihre Frauen schlugen. Manchmal verhängte sie in solchen Fällen eine Geldstrafe. Einen Brief aus Nassau, der sie darüber aufklärte, daß dies illegal sei, zerriß sie.

Die meisten besiedelten äußeren Inseln hatten eine Polizeistation, doch Joe ernannte ihre eigenen Ordnungskräfte: vier Wachmänner mit abgesägten Flinten und einen Wächter mit Machete. Sie selbst war der oberste Schutzherr der Insel. 1940 schrieb der prominente New Yorker Journalist Damon Runyon in seiner Kolumne über einen Freund, der mit seinem Wasserflugzeug vor Whale Cay niedergegangen war. »Er flog auf schnellstem Weg zurück und berichtete mit Entsetzen, daß bei seiner Wasserung eine untersetzte, kräftige Dame aus dem Haus an den Kai gerannt kam, in den Fäusten eine doppelläufige Flinte, und ihre lieblichen Kurven in bedrohliche Stellung brachte.«

Das Museum von Whale Cay, auch als Bibliothek bezeichnet, war wie ein heidnischer Tempel. Hier wurde Joes Leben nicht in Worten gewürdigt, sondern in Gestalt der Gegenstände, die sich über die Jahre angesammelt hatten. Das Museum beherbergte ihre Renn- und Jagdtrophäen, präparierte Fische, die sie erbeutet hatte, eine lebensgroße Statue von Wadley, Schiffsmodelle und den Wurmfortsatz des Blinddarms von Joe Harris. Joe Carstairs bedauerte sehr, ein Halsband aus getrockneten Menschenohren verlegt zu haben, das ihre Mutter bei ihrem Afrikaeinsatz von einem Häuptling, den sie gesundgepflegt hatte, zum Geschenk erhalten hatte. Es gab aber zwei Granathülsen aus dem Ersten Weltkrieg, in die der Name ihres Vaters, Albert, eingraviert war. Als der Inselhund John starb, ließ Joe ihn ausstopfen und ins Museum stellen. Hin und wieder drohte sie ihren Untergebenen das gleiche Schicksal an.

Der eindrucksvollste Schatz des Museums war Joes große Sammlung von Hieb- und Stichwaffen – Entermesser, Schwerter, Speere, Dolche, Macheten. Sie kenne die Geschichte eines jeden Stücks, prahlte sie. Joe trug immer ein Klappmesser bei sich, das zusammen mit dem Kamm in der Gesäßtasche steckte. Mit der Größe dieses Messers nahm sie es genau: In eingeklapptem Zustand sei es 7,5 Zentimeter lang, aufgeklappt volle 15 Zentimeter. Sie trug das Messer selbst dann, wenn sie für Aktfotos posierte. Manchmal klemmte sie es zwischen die Zähne wie ein Pirat. Bei einer Party auf Whale Cay waren alle Gäste nackt – bis auf Joe, die sich einen Hirschfänger an den Schenkel geschnallt hatte. Wenn ungebetene Gäste auf Whale Cay landeten, konnte Joe die Phantasierollen, die sie sich zulegte, ungehemmt austoben. Eines Tages in den späten vierziger Jahren, so wird berichtet, ankerte ein amerikanisches Kreuzfahrtschiff vor der Insel. Die Passagiere ruderten an Land und betraten die Insel am Cowley Beach. Als Joe Carstairs davon erfuhr, befahl sie den Männern, sich die Gesichter anzumalen, und teilte die Waffen aus ihrem Museum aus. Angeführt von Joe, die einen gewaltigen Enterhaken schwenkte, stürmten sie unter wilden Schreien aus dem Dschungel hervor und nahmen die Eindringlinge gefangen. Am Abend wurden sie mit hinter den Rücken gefesselten Händen in den Leuchtturm gesperrt. Dort erschien Joe im Phantasiekostüm einer weißen Göttin, während ihre Leute mit Kriegsgesängen um ein gewaltiges Lagerfeuer tanzten. Nach dieser Zeremonie wurden die Amerikaner in eine Garage gesperrt und am nächsten Morgen entlassen.

Vermutlich berichteten die Touristen nach ihrer Rückkehr erregt von ihren schrecklichen Abenteuern – von Hexenkulten und tanzenden Wilden, von ihrer Nacht in der Gewalt einer Wahnsinnigen. Aber Joes Version dieser Geschichte war ohnehin die bessere und die lustigere, denn bei ihr traten die Eindringlinge als doppelte Opfer auf: zutiefst verängstigt und außerdem von Joe der Lächerlichkeit preisgegeben. Sie liebte ihr Publikum nicht zuletzt deshalb, weil sie sich auf dessen Kosten so prächtig amüsieren konnte.

Wadley war natürlich ein wunderbarer Verbündeter für ihre Streiche und ihre Selbstmystifikationen. Aber in ihrer Liebe für ihn blieb sie unerschütterlich. Sie sprach mit den Puppen, damit sie mit den Menschen spielen konnte.

»Ich war zu niemandem je ganz ehrlich«, gestand sie später, »außer zu Wadley.«

13

»O weh, sie ist nun tot!«

Im August 1937 brach Ruth Baldwin auf einer Party in Chelsea zusammen. Man hatte gerade die Übertragung eines Boxkampfes im Radio gehört; Dolly Wilde war ebenfalls anwesend. Ruth wurde in den Mulberry Walk gebracht, der nur wenige Schritte entfernt war, und dort starb sie. Als Todesursache wurde eine Überdosis Rauschgift vermutet.

Ruth war zweiunddreißig Jahre alt gewesen, jünger noch als Joes Mutter, als diese unter ähnlichen Umständen starb. Ein Freund fragte Joe einmal, ob Ruth und ihre Mutter sich ähnlich gewesen seien. »Nein, überhaupt nicht«, erwiderte Joe. »Nein, nein, nein, nein. Beide waren wunderbare Frauen, aber nein, das bestimmt nicht!«

Als Joe und Tim Brooke von Ruths Tod erfuhren, reisten sie mit dem französischen Ozeandampfer *Normandie* nach England. Die *Normandie* war bei ihrem Stapellauf 1935 das teuerste Schiff der Welt gewesen, die Promenadendecks waren breit wie Alleen, der große Salon hoch wie ein dreistöckiges Haus. In ihrer Eile hatte Joe vergessen, einen Rock einzupacken, und da eine Frau in Hosen nicht in den Speisesaal eingelassen wurde, mußte sie mit Tim einen gesonderten Raum mieten, wo sie ihre Mahlzeiten einnahmen. Während der sechs Tage der Überfahrt waren sie permanent betrunken.

Joe hatte angeordnet, daß Ruth einbalsamiert werden sollte, und als sie im Mulberry Walk eintraf, sah sie ihre einst so muntere Freundin in ein puppenartiges Wesen verwandelt, leblos und starr. Sie füllte den Raum mit Blumen und setzte Wadley an ihr Bett. Ruth Baldwin wurde zum Krematorium Golders Green gebracht und am 7. September verbrannt.

Auf Whale Cay ließ Joe zur Erinnerung an Ruth eine anglikanische Kirche aus dem dortigen Kalkstein errichten. Joe glaubte an Gott, an einen Gott, der ihr die Hand führte, als sie mit dem Messer die Schlange traf, der sie und Wadley vor Feuer und Ertrinken gerettet hatte. »Ich glaube, es gibt eine höhere Macht, die für mich sorgt«, sagte sie. Die Kirche St. Catherine (nach Ruths erstem Vornamen) wurde mit kostbaren Glasfenstern von Alice Laughlin ausgestattet, die zuvor in New York in einer Ausstellung zu sehen waren. Der Altar, handgeschnitzt aus dem Mahagoniholz von Whale Cay, war eine Kopie des Altars auf der *Normandie*, an dem Joe vielleicht während der Überfahrt gebetet hatte. Jedes Jahr wurde ein Gedenkgottesdienst für Ruth abgehalten, in einer Nische stand die Urne mit ihrer Asche. »Ruth war der erste Mensch, der mir wirklich etwas bedeutete«, sagte Joe. »Und natürlich – von ihr habe ich Wadley.« Joe weinte um Ruth, und es war, wie sie sagte, das erste Mal in ihrem Leben, daß sie weinte.

In den nachfolgenden Jahren starben viele ihrer Freunde aus den zwanziger und dreißiger Jahren einen frühen Tod. Mabs Jenkins, mit der sie 1931 ihre Weltreise gemacht hatte, starb Anfang der vierziger Jahre in Afrika an einer Schilddrüsenerkrankung, nachdem sie einige Jahre zuvor einen Selbstmordversuch überlebt hatte. Joes Schauspielerfreundinnen Teddie Gerard und Gwen Farrar starben beide um dieselbe Zeit, Teddy mit zweiundfünfzig und Gwen mit vierundvierzig. Isabel T. Pell, mit der Joe Anfang der dreißiger Jahre eine Affäre hatte, »starb am Suff«. »Warum nahmen sie alle so ein trauriges Ende?« fragte sich Joe.

1941 starb Dolly Wilde an Krebs. 1939, achtzehn Monate nach Ruths Tod, hatte Joe ihr das Haus am Mulberry Walk für ein paar Tage zur Verfügung gestellt; Dolly schien nach einem ihrer beiden Selbstmordversuche in den dreißiger Jahren zu kränkeln. »Eine schöne, komfortable Wohnung«, schrieb sie. »Die Morgensonne strömt durch die Fenster, und ihre Lichtstrahlen brechen sich im Spiegel.« Seit sich Joe und Dolly in Paris kennengelernt hatten, war es mit ihr stetig bergab gegangen.

»Für ihr Publikum konnte sie noch glänzen«, schrieb Bettina Bergery. »Aber begegnete man ihr überraschend, wenn sie einsam an ihrem Tisch in Les Deux Magots saß, war man schockiert von dem apathischen Blick, der so sehr an die hoffnungslose Apathie des gebrochenen Dichters Oscar Wilde kurz vor seinem Ende erinnerte.« Dolly, Ruth und Joe hatten miteinander gemeinsam, daß sie weder das Vergangene noch das Kommende an sich heranließen. »Diese seltene und spontane Fähigkeit, ganz und gar für den Augenblick zu leben und kaum je an die Vergangenheit zu denken oder vor der Zukunft zu erschaudern«, wie Natalie Barney es formulierte. Aber in den Jahren nach Ruths Tod begann Joe, ihre Erinnerungen festzuhalten und in Worte zu fassen: sie schrieb Gedichte. Es war eine kurze Phase der Selbstbesinnung – und eine recht seltsame im Leben einer Frau, die von sich sagte: »Ich habe nie etwas über mich selbst empfunden.«

1940 und 1941 ließ sie zwei Bände mit Gedichten, die sie selbst und ihre Freundin Helen Volck geschrieben hatte, im Privatdruck erscheinen. Die Bücher trugen das Pseudonym Hans Jacob Bernstein; in Joes Exemplaren sind die eigenen Gedichte mit Kreuzen, Häkchen oder mit dem Buchstaben J kenntlich gemacht. Es ist unmöglich, alle Beweggründe zu erraten, die die Frauen zu diesen Gedichten veranlaßten. Oberflächlich gesehen, zählen die Gedichtbände zu ihren vielen Streichen und Scherzen, die sie sich erlaubte. Die fiktiven Vorworte ergehen sich im Lobpreis »dieses jungen tschechoslowakischen Emigranten«, und die parodistischen Widmungen gelten »meiner begabten Großmutter Natacha Lavininoff«. Daß es sich um einen Scherz handelte, mag die Plumpheit der Verse entschuldigen, kann aber nicht darüber hinwegtäuschen, daß diese Verse tiefempfunden sind. Die Gedichte sind ungeschliffen und überraschend gefühlsstark – sie verdienen nähere Betrachtung, und sei es nur, um Joes Maskerade zu enthüllen.

Das Titelgedicht des ersten Bandes, *Schwelendes Holz*, beginnt mit der Zeile »Ich war schon einmal hier« und beschwört dann die »Kurve der Erinnerung / unbewußt / auf einem Rückwärtskurs«. Joe, die auf die

Feststellung Wert legte, daß sie stets nur für den Augenblick lebte und »nie nach hinten schaute«, zeigt sich hier plötzlich von der Vergangenheit eingeholt. Erinnerung, unbewußt, Rückwärtskurs: Das waren Worte und Gefühle, vor denen sie normalerweise zurückschreckte. (Zur Psychologie bezog sie eine sehr entschiedene Haltung: »Ich glaube, man kann sich auch selbst psychoanalysieren. Du sagst dir einfach, was für ein verdammter Idiot du bist, und das siebenmal am Tag. Andere Leute gehen zum Seelendoktor und zahlen enorme Summen dafür.«)

Eins ihrer Gedichte berührt das Thema Homosexualität, ein anderes den Feminismus, über beides äußerte sich Joe im Gespräch nur selten. In dem Gedicht »Die Perversionen der Menschheit« hält sie fest: »Da gibt's / den Mann / der will / ein Kleid / da gibt's / das Mädchen / das trägt / ein Hemd / Selbst / Fische / gibt's / die wollen / fliegen / und ich / frage mich / warum?«

In dem Gedicht Schönheiten in Uniform schreibt sie: »Egal / wie sehr / sie sich bemühen / im Krieg / zum Sieg / beizutragen / und / nach dem Blutbad / aufzuräumen. / Freiheit und Frieden / schreiend – / werden / diese Mabels / und Madges / mit ihren Abzeichen / und Orden / immer / Frauen sein / und niemals / Männer!« Daß ihre politischen Empfindungen so dürftig daherkommen, mag daran liegen, daß sie sich ihnen zum ersten Mal widmete – und auch zum letzten Mal.

Die interessanteren Gedichte drehen sich um den Tod einer Frau. Ruth Baldwins Schicksal scheint in ihrer Erinnerung zumindest ein anderes Erlebnis aufgewühlt zu haben: »Ich wache auf / und stelle fest / mein Verstand / und mein Wille sind zerfallen, / an ihrer Stelle / machen sich / die Toten breit / an diesem verwunschenen Ort.« Hier ein Auszug aus dem Gedicht *Hotelzimmer*:

Ein Seufzer
von unmenschlicher Tiefe
entrang sich dem Bett.
Es sagte:
»Eine Woche ist's her,
da lag
ein zerbrochenes,
gequältes Herz
auf diesen Kissen
und weinte,
weil ihr Geliebter
eine andere nahm.«
Dann sprach der Tisch.
»Der Brief,
den sie schrieb,
war ein Abschied vom Leben.«
Ein Sessel
in der Ecke
mit seinen leer
geöffneten Armen
sprach von ihrer
Schönheit
und ihrem Zauber –
»O weh, sie ist nun tot«,
klagte das Bett!

Joe, die auch im Leben die tiefsten Gefühle für die Gegenstände empfand, schreibt in ihrem Gedicht dem Mobiliar Empfindungen zu. Ruth starb nicht in einem Hotelzimmer, aber ein solches Zimmer war der Schauplatz ihrer letzten Begegnung mit der Mutter. Und da beide Frauen wahrscheinlich an Alkohol und Drogen zugrunde gegangen waren, könnte Joe dieses Sterben als eine Form des Selbstmords interpretiert haben, als Folge eines selbstzerstörerischen Lebens. In dem Gedicht »Nun ist sie tot« entdeckt das Ich erst dann die Liebe in sich, als die Frau, der sie gilt, nicht mehr lebt.

Sie lachte
über das Leid der anderen
sie trank
zuviel
und redete
unablässig.
Ihre Selbstsucht
war
unübertrefflich –
nun
ist sie tot.

Sie log,
sie betrog,
sie machte mir Schande,
ihre Zunge
war wie ein Messer.
Für alles,
was ihr fehlte,

gab sie mir die Schuld –
nun
ist sie tot.

Sie quälte,
sie folterte all
die gebrochenen,
blutenden Herzen
vor ihrer Tür,
sie trat
und sie vernichtete
viele mehr –
nun
ist sie tot.

Aber meine Erinnerung
sieht sie nur als einen Geist,
verfangen im Gespinst
übler
Nachrede.
Nun, da sie steht
auf ihrem
verblichenen Podest,
hab ich
sie gefunden –
nun
ist sie tot.

In Umkehrung des Pygmalion-Mythos, in dem sich der Bildhauer in sein Geschöpf verliebt und es damit zum Leben erweckt, fand Joe erst dann zu ihrer Liebe, wenn ihre Geschöpfe starben. Nur unbelebte Gegenstände waren vom Horror des Menschlichen befreit. Joes Gedicht *Impassionata* ist die Ode an eine Statue, hinter der man das Andenken an geliebte Frauen – oder an Wadley – vermuten kann.

Liebliche lebende Statue,
rein wie ein Traum,
du hast nichts
mit der Wirklichkeit zu tun,
bist nicht berührt
von der menschlichen
Angst vor dem Morgen,
bist ohne Zeit
ohne Ort
ohne Danach –.

Die tote Ruth Baldwin wurde der Zeit, dem Raum und dem Danach enthoben. Joe hängte sich Ruths Foto übers Bett. Das Bild zeigt ihr Gesicht, umrahmt von einem Pelzkragen, und einen Pekinesen, den sie an ihren Hals drückt. Mit ihren dunklen Augen zwinkert sie schelmisch und verlockend. Wie zwei Leibwachen, die Vergangenheit und Zukunft von Joe fernhalten sollten, nahmen Ruth und Wadley einen Ehrenplatz in ihrem Zimmer ein, das sie mit keiner ihrer lebendigen Geliebten teilte. (»Du läßt sie danach in deinem *Bett* schlafen?« fragte sie ungläubig einen männlichen Freund.)

Als Joe über siebzig war, wachte Ruths Foto über sie, wenn sie aus dem Bett stieg und nach ihren Krücken griff.

»Ich sehe sie an, und sie lacht. Ich sage: ›Du hast es gut. Du bist noch jung.‹ Sie ist immer noch Ende Zwanzig, die junge, beneidenswert gutaussehende Ruth. Sie sagt: ›Das spielt doch keine Rolle. Man merkt es dir kaum an.‹«

Nach Ruths Tod wurde ihr Wadley noch kostbarer. Daß er bei ihr war, ohne sterben zu müssen, war ihr ein großer Trost. Es grenzte an Manie, wie sie ihren Wadley beschützte. Kaum einer durfte ihn berühren, und selbst nachts trennte sie sich nie von ihm. Immer wenn Joe erwähnte, daß sie im Jahr 1900 geboren wurde, fragte Wadley, wie sie behauptete: »Wann war denn *das*?« Wenn die quälenden Neckereien ihrer Mutter in verwandelter Form in dem Gelächter anklingen, das sie mit Ruth Baldwin teilte, so wurde die Abwesenheit ihres Vaters in Wadley zur ewigen Unschuld. Der Vater war eine fast unsichtbare Gestalt für sie geblieben, und sie machte aus seinem Schweigen eine Tugend, sie heiligte es, indem sie es in Wadleys stillschweigendem Mitgefühl neu entstehen ließ. Fast alle Bediensteten im Herrenhaus waren männlich. Joe schätzte an ihnen, daß sie nicht viele Worte machten. »Sie reden nicht soviel«, erklärte sie. Albert Carstairs trug wie alle drei nachfolgenden Ehemänner ihrer Mutter einen Schnurrbart, und es gibt ein merkwürdig melancholisches Foto von Joe im mittleren Alter, auf dem sie mit einem schwarzen Schnurrbart in die Kamera starrt.

»Ich mag Männer«, sagte Joe. »Die meisten meiner Freunde sind ganz gewöhnliche Männer. Für Tunten hatte ich nie allzuviel übrig. Für männliche Männer schon.«

14

Ich habe ein Land regiert

Kurz vor Weihnachten 1939, wenige Monate nach Ausbruch des Zweiten Weltkriegs, gab Joe im südlichen Bezirk von Nassau ein Bankett für 1200 Leute. Nach fünf Jahren, die sie inzwischen auf dem Archipel verbracht hatte, war das ihr erster öffentlicher Auftritt. Mit einem Trupp von achtzig Pfadfindern fuhr sie auf der *Vergemere IV* nach New Providence. Ihre »Jungs«, die meisten waren erwachsene Männer, paradierten unter Marschmusik durch die Straßen, dann verteilten sie Eintopf an die Bevölkerung. Geleitet wurde diese Zeremonie von Reverend Julian Henshaw.

Julian Henshaw, der dem Vernehmen nach eigentlich Wilfred Henshaw hieß, war der Pfarrer der Kirche St. Catherine auf Whale Cay. »Ein schwuler Pfarrer«, sagte Joe, »ein sehr, sehr schwuler Pfarrer.« Man erzählte sich, daß Joe auf Henshaw geschossen und seinen Kopf nur knapp verfehlt hatte, als er unangemeldet auf der Insel aufgetaucht war. Tatsächlich sei er in alten Shorts erschienen, sagte Joe, ziemlich verdreckt sei er gewesen, und sie habe sich seiner angenommen. »Geh rauf und nimm ein Bad«, sagte sie. »Du kannst hier übernachten, und du kriegst was zu essen. Du mußt öfter kommen.«

Henshaw stammte aus Wales, war hochgebildet und

behauptete, vor Antritt seiner Priesterkarriere Tänzer gewesen zu sein. »Der Bischof von Nassau hat ihn uns geschickt«, meinte Joe. Wahrscheinlich war der Bischof froh, Henshaw auf bequeme Weise losgeworden zu sein.

Henshaw spielte die Rolle des dekadenten Hofnarren in Joes Inselkönigreich. Seine Predigten waren lebensnah und handelten zum Beispiel von »Gott und den sündigen Frauen der Bibel«. Seine Kirche stand vielen offen. Mal predigten dort die Adventisten, mal wurde sie den »Jumpers«, einer amerikanischen Methodistensekte, deren Mitglieder beim Gottesdienst in ekstatische Verzückung geraten, überlassen. »Sie machten einen Riesenlärm und hüpften, was das Zeug hielt«, sagte Joe.

Den größeren Kindern auf der Insel erteilte Henshaw auch Geschichtsunterricht. »Er war ein Schatz«, versicherte Joe, »und machte seine Sache gut, aber er hatte ein paar Schwächen.« Bei Parties auf Whale Cay pflegte er seine weiße Robe zu öffnen und sich zu entblößen, oder er nahm das Kruzifix von der Halskette und steckte es in die brennende Zigarre. Mit Joes Freundinnen fuhr er gern Tanzen zum Jungle Club in Nassau, wo er die Touristen damit schockierte, daß er in vollem Ornat wild auf dem Tanzparkett umherwirbelte. Mit einer Freundin Joes machte er eine Fahrt nach Capri, und er wurde von der Insel verbannt, nachdem er in einem Damennachthemd auf dem Tisch getanzt hatte. Das waren genau die überdrehten Scherze, für die sich Joe begeistern konnte, ungeachtet ihrer Feststellung, daß sie »männliche Männer« den

»Tunten« vorzog. Man wußte, daß Henshaw den Chorknaben auf Whale Cay sexuelle Avancen machte, und zumindest zeitweise schaute Joe seinem Treiben tatenlos zu. Er bezeichnete die Insel als »Utopia«.

Henshaw trank heftig und versuchte, seine Schnapsrechnungen Joe anzudrehen. Das führte einmal zu einer scherzhaften, aber dennoch ernstgemeinten Ermahnung durch Alfred Agostini, den Schatzmeister der Insel. In einem Brief an »Euer Nichtswürden von der Pfarrei St. Catherine« schrieb Agostini: »Kurz und bündig: Ich bin *sicher*, daß Miss Carstairs mich anweisen würde, Ihnen auszurichten, daß Sie Ihre verdammten Alkoholrechnungen gefälligst selber bezahlen sollen, statt sie Monat für Monat in dieses Büro zu schicken, in der (wie ich Ihnen versichern kann, vergeblichen) Hoffnung, daß sie dem Adlerauge des Schatzkanzlers entgehen und im wilden Geschiebe der Banknoten irgendwie beglichen werden, ohne daß es Euer Nichtswürden etwas kostet ...« Der Brief war unterschrieben mit »alfred agostini, Gentleman im Dienst von M. B. Carstairs«.

Henshaw richtete seine Erwiderung an den »Kanzler Agostini« mit der Bitte, seine »erlauchte und hochehrwürdige Milde walten zu lassen und Langmut und Nachsicht mit den Urhebern des Dokuments zu üben, das Ihrem Amte soviel Sorge bereitet, denn diese leben in einer Welt, die nicht weiß, was sie tut.«

Alle, die mit Joe arbeiteten, teilten die Phantasie, auf Whale Cay in einem Königreich zu leben – mit einem allmächtigen Herrscher, einem strengen Kanzler, einer korrupten Kirche, einer gutgedrillten Armee, einer hochseetüchtigen Flotte, einer blühenden Wirtschaft und gehorsamen Untertanen. »Ich habe ein Land regiert«, sagte Joe später.

Joe verabschiedete einen Erlaß nach dem anderen. »Bekanntmachung« war einer von ihnen überschrieben: »Ich esse lieber braunen Reis als weißen. Und da brauner Reis für meinen eigenen Bedarf gut genug ist, ist er auch gut genug, wenn nicht gar zu gut, für das Volk. M. B. Carstairs.«

»Es ist das strengste Gesetz von Whale Cay«, lautete ein Erlaß von 1940, »daß niemand, der meiner Gerichtsbarkeit untersteht, alkoholische Getränke zu sich nehmen oder in Besitz haben darf. Die ständigen Verstöße gegen dieses Gesetz haben mich dazu veranlaßt, alle Fahrten nach Andros bis zum August zu verbieten. Wer dennoch nach Andros fährt, tut dies auf die Gefahr hin, nicht mehr auf diese Insel zurückgelassen zu werden. Der Karfreitag wird als Feiertag gestrichen. Es ist zu bedauern, daß mit den Schuldigen auch die Unschuldigen bestraft werden.«

Viele Verlautbarungen waren Warnungen oder Ermahnungen: »Bei Dunkelheit müssen alle Fahrräder mit einer angemessenen Beleuchtung ausgestattet sein. Wer im Dunkeln beim Fahren ohne Licht angetroffen wird, bekommt das Fahrrad weggenommen.«

Und 1941 fand ein Arbeitstrupp folgenden Anschlagzettel vor:

ACHTUNG

Es gibt hier gewisse Leute,
die jeden Moment gefeuert werden könnten. –
Sie sind <u>faul</u> und <u>träge</u> und **<u>ungenügend</u>**.

Die folgenden sollten sich hüten:

Joe Brennen	Tarah Brown
Roland Miller	Jay Minnis
George Ferguson	Hilgrove Lightbourne
Herman Bain	Wilfred Phine
Zepheniah Dean	

Es gibt noch andere, die auch in der **Schußlinie** stehen ...

In Handschrift hatte Joe hinzugefügt. »Wenn das noch mal passiert, müssen *alle* dafür büßen. MBC.«

Ihre Reden ans Volk würzte Joe mit Ermahnungen wie: »Macht was aus euch!« oder »Hört auf mit dieser lächerlichen Sauferei und dem Randalieren!«

Joe legte großen Wert auf die Feststellung, daß sie kein Wohlfahrtsunternehmen führte. Auf die Frage, ob sie die Löhne erhöhen würde, wenn Whale Cay Erträge brächte, erwiderte sie: »Um Gottes willen, das wäre ja Philanthropie. Schon das Wort ist mir ein Greuel. Ich halte mein Geld zusammen!«

Das Wirtschaftssystem von Whale Cay bildete einen geschlossenen Kreislauf. Die Löhne, die Joe auszahlte, wurden im Laden ausgegeben und wanderten in ihre Kasse zurück, um von neuem ausgezahlt zu werden. Die Inselbewohner wurden aufgefordert, ihr Geld auf einer Gemeinschaftsbank zu deponieren, doch sie zogen es meist vor, ihren Lohn in den Schuhen zu verstecken oder ins Taschentuch zu knoten. Wenn die Scheine bei dieser Art des Zahlungsverkehrs zu schmuddlig wurden, tauschte Joe sie in Nassau gegen frische um. Der Laden auf Whale Cay war 1940 der größte auf den gesamten Bahamas, er hatte Kleidung, Decken, Fleischkonserven (von Corned beef bis Hammelbraten) im Angebot, Tabak, Cornflakes, Coca-Cola, Knöpfe und Schokolade, auch Bier und Wein gab es, allerdings streng rationiert. Joe versorgte den Laden mit Waren, die sie zum Großhandelspreis in Nassau einkaufte und die zum Selbstkostenpreis weiterverkauft wurden. Bei ihren Fahrten in die Hauptstadt besuchte sie auch die Old England Stores, wo sie ein paar Meter Rehleder oder Tweed kaufte, um für sich, ihre Freundinnen und Wadley Anzüge nähen zu lassen.

Die Bewohner von Whale Cay erinnerten sich später mit Respekt und Zuneigung an Joe. Sie waren wie ihre Kinder, sagten sie. Joe entließ weiße Verwalter, wenn sie die Schwarzen zu sehr zur Arbeit antrieben. Sie sah darauf, daß die Bewohner jeden Sonntag zur Kirche gingen und daß sie regelmäßig in eine Gesundheitskasse einzahlten, aus der Krankenhausaufenthalte finanziert wurden. Einmal verbot sie ihren Untertanen die Fahrten zu anderen Inseln, weil sie die Ausbreitung einer Seuche verhindern wollte. Dem Bahamas General Hospital in Nassau stiftete sie eine ansehnliche Summe, mit deren Hilfe eine Carstairs-Kinderstation eingerichtet wurde. Auch bei der Gründung einer höheren Schule half sie mit Geld. Immer wenn jemand auf Whale Cay starb, richtete Joe das Begräbnis aus und übernahm alle Kosten. Und solange ihre Untertanen sich zu benehmen wußten, erlaubte sie ihnen so manchen Spaß. Zu Weihnachten spendierte sie

Wein in Fässern, sie veranstaltete üppige Hochzeitsfeiern, und der wöchentliche Tanzabend am Laden war im ganzen Archipel ein Begriff.

Die neugeborenen Kinder wurden auf Whale Cay gewöhnlich zu Joe gebracht, damit sie die Taufe vornahm – eine alte Tradition aus der Sklavenhalterzeit. Dem ersten Jungen verpaßte sie den Namen Samuel Octagon. Bei »Samuel« dachte sie vielleicht an Samuel Saunders, den Erbauer ihres ersten Bootes; »Octagon« hieß die Seife, die es im Laden zu kaufen gab. Einigen Mädchen gab sie die Vornamen, die sie selbst verschmäht hatte: Marion und Barbara. »Gott weiß warum«, bemerkte sie dazu.

Tagsüber gingen die Kinder zur Schule, am Abend wurden die Erwachsenen unterrichtet, die zu neunzig Prozent Analphabeten waren. An der Wand des Schulraums hing ein Schild mit der Aufschrift: »Lang lebe der König!« Joes Pfadfindertruppe war in Wirklichkeit eher eine Privatarmee von fast hundert Mann Stärke. Um ihren Rekruten Schliff beizubringen, zeigte sie ihnen einen Film von der Wachablösung am Buckingham Palace und befahl ihnen, die Bewegungen genau nachzumachen. Beim Exerzieren zuckten sie manchmal zusammen und kratzten sich, wenn sie von einem Moskito gestochen wurden. Joe ermahnte sie: »Stillgestanden! Ihr habt euch nicht zu rühren, und wenn euch ein bengalischer Tiger in die Hacken beißt. Verstanden?« Joe war der Auffassung, daß die Moskitos sie nie stachen, weil sie spürten, das sie keine Angst vor ihnen hatte.

1940 wurde der Herzog von Windsor zum Gouverneur der Bahamas ernannt, da die britische Regierung ihn und die Herzogin für die Dauer des Krieges vom internationalen Parkett entfernen wollte. Als König Edward VIII. war er entthront und aus dem Land vertrieben worden, weil er gegen die Regeln der Schicklichkeit verstoßen hatte – genauso wie Joe Carstairs, die Königin der Motorbootregatten. Der Herzog und seine Frau, eine geschiedene Amerikanerin, wurden nun Monarchen im Westentaschenformat und zu Herrschern über eine entlegene und völlig unbedeutende Kolonie. Joe hatte es da besser, indem sie ihre eigene Monarchie auf den Bahamas als weiße Königin von While Cay selbst errichtete.

Bei der Ankunft des Paares in Nassau säumten auch Joes Boy-Scouts die Straßen: Sie trugen vernickelte Paradestöckchen und waren prächtig ausstaffiert. Ihre Glieder glänzten vor Öl. Dem neuen Gouverneur und seiner Gattin tönte die Musik der fünfundzwanzigköpfigen Kapelle der Pfadfinder von Whale Cay entgegen.

Im Januar 1941 statteten der Herzog und die Herzogin der Insel einen Besuch ab, das *Life*-Magazin brachte Fotos von ihrem Rundgang. »Verflucht«, sagte der Herzog, als er die Straßen der Insel sah, »warum können sie auf den anderen äußeren Inseln nicht auch solche Straßen bauen?« Joe führte ihre kleine Flotte vor, und als der Herzog eine ihrer Jachten besichtigte, bat Joe die Herzogin in die Kabine. Die Herzogin erblickte Wadley. »Wer ist *das*?« fragte sie. (Joe war sehr beeindruckt, weil sie nicht »was«, sondern »wer« gefragt hatte.)

Joe stellte ihn vor: »Das ist mein Junge. Das ist Wadley.«

»Mein Gott«, rief die Herzogin. »Er ist ja genau wie mein Mann!«

Joe fand den Herzog langweilig und griesgrämig, aber sie gab ihm öffentliche Unterstützung. »Glücklicherweise haben wir einen Gouverneur, dessen Herz für unser Land schlägt«, schrieb sie in einem Brief an die *Nassau Tribune*. Über die Herzogin befand sie: »Sie war wundervoll. Die Engländer mochten sie nicht, aber ich glaube, sie war großartig.« Julian Henshaw verkehrte auch bei den Windsors und verbreitete skurrile Gerüchte über sie. (Er behauptete, von einem der Diener der Windsors aus erster Hand erfahren zu haben, daß der Herzog alles andere als »gut ausgestattet« sei.)

Bald brachten *Life* und *Saturday Evening Post* groß aufgemachte Berichte über Joes Errungenschaften. Für die Bahamas-Messe, die im Februar 1941 in Nassau stattfand, schrieb sie ein Manifest, in dem sie ihre Zukunftspläne verkündete. »Dieses Projekt wurde in der Hoffnung begonnen, daß sich die Bahamas eines Tages aus eigener Kraft ernähren können ... Unser Ehrgeiz ist es, die Menschen zu fähigen Arbeitern in ihren verschiedenen Berufen auszubilden – dazu zählen die Möbeltischlerei, die Teppichweberei, Schiffsbau, Häuserbau, Landwirtschaft, Maschinenbau, Buchhaltung und häusliche Dienste – und ihnen (nicht zuletzt) ein Leben in Reinlichkeit und Ordnung beizubringen, so daß sie und die zukünftigen Generationen in der Lage sind, einen angemessenen Lebensunterhalt zu erwerben und zum Gemeinwohl beizutragen, statt ihm zur Last zu fallen.«

Am Messestand von Whale Cay präsentierte sie frische Erbsen, die auf der Insel gewachsen waren, Sellerie, Spargel, Rüben, Karotten, Gurken, Zitrusfrüchte, Bananen und Honigmelonen. Sie stellte auch einen Käfig mit Kaninchen aus – »das ideale Nahrungsmittel für arme Leute« – und die Flagge von Whale Cay, eine strahlende Sonne auf blauem Grund. Doch ihr Prunkstück war ein Modell der Insel, das für 3000 Dollar und mit der Hilfe ihres Freundes Bart Howard entstanden war. Die Miniaturkirche war von innen beleuchtet, so daß man ihre bunten Fenster bewundern konnte. Wenn die Kirchenglocken ertönten, begann auch das Licht im Leuchtturm zu blinken. Es war gewissermaßen ein Whale Cay für Wadley, ausgestattet mit der Perfektion aller Unternehmungen, die Joe anpackte.

Im März ließ der Filmregisseur Gabriel Pascal die Premiere seines Filmes *Major Barbara* zu Ehren der Windsors in Nassau stattfinden. Auch er besuchte Whale Cay. »Mit der Ausnahme von Katie Hepburn vielleicht ist Miss Carstairs die beherzteste Frau, die ich je getroffen habe. Ich möchte sie in meinem nächsten Film haben«, schwärmte Pascal. Joe wäre von diesem Vergleich geschmeichelt gewesen. Sie glaubte, eine ähnliche Stimme wie Katharine Hepburn zu haben. Wenn man je einen Film über ihr Leben drehen sollte, so befand sie, müßte die Hepburn die Hauptrolle spielen.

Die Zahl der Einwohner auf Whale Cay, die 1939 bei 150 und 1940 bei 250 gelegen hatte, stieg nun auf 500. Die wirtschaftliche Bedeutung der von Joe ins Leben gerufenen Ansiedlung läßt sich daran messen, daß sie über 250000 Dollar für den Aufbau der Insel ausgab und wöchentlich 1200 Dollar an Löhnen zahlte, während das Exportvolumen der gesamten Bahamas lediglich 700000 Dollar im Jahr betrug.

»Die Menschen suchen so verzweifelt nach Arbeit«, berichtete Joe 1941 in *The Tribune*, »daß sie jedes Risiko auf sich nehmen, um auf meine Insel zu gelangen. An einem Tag sind zwölf Leute von Andros abgefahren, um nach Whale Cay zu kommen, aber nur drei haben die Insel erreicht. Die anderen neun sind ertrunken. Einige von ihnen waren Verwandte meiner Leute.« 1941 erzielte Whale Cay erstmals Einnahmen; eine Konservenfabrik, die an die Armee lieferte, kaufte das Gemüse der Insel auf. Im Juni befand die liberale bahamische Tageszeitung *The Herald*, Joes Unternehmen sei das »größte Ereignis seit der Landung von Kolumbus in dieser Kolonie«.

15

Der Sonne entgegen

»Ich wollte den Lebensstandard der Schwarzen verbessern«, sagte Joe. »Ich wußte verdammt gut, wie ich das anpacken mußte.«

1939 gründete sie eine Liga, eine Organisation, die der farbigen Bevölkerung der Bahamas zu Wohlstand verhelfen sollte. Sie erhielt den Namen Coloured League of Youth – nicht, weil sie nur für Jugendliche offen gewesen wäre, sondern weil sie sich zum Ziel setzte, der Bevölkerung verjüngende Impulse zu geben. »In der ganzen Welt hat man eine schlechte Meinung von der farbigen Bevölkerung dieser Inseln«, stand in ihrem Aufruf zu lesen. »Die Farbigen gelangen nicht zu Wohlstand, wie es eigentlich sein müßte. Sie scheinen an ihrem Fortkommen nicht interessiert zu sein. Das muß sich ändern!«

Die Liga war sowohl ein altruistisches Projekt als auch ein Versuch Joes, ihr Reich zu vergrößern. Sie wollte die herrschende weiße Kaste in Nassau brüskieren und de facto die Macht in Britisch-Westindien übernehmen. Ihr Erfolg auf Whale Cay brachte sie zur Überzeugung, daß sie die ganze Kolonie umkrempeln und damit eine soziale und wirtschaftliche Revolution auf den Bahamas auslösen konnte. Mehr als einmal äußerte sie die Ansicht, daß sie eigentlich Gouverneur hätte werden müssen. »Alle wären mir gefolgt.«

»Seid tüchtig«, mahnte sie in ihrem Aufruf, »glaubt an euch selbst, achtet auf Moral, Sauberkeit, Gesundheit. Laßt euch vom Geist des Fortschritts erfüllen, erweckt in euch den Wunsch zum Erfolg – faßt euch bei den Händen und zieht der Sonne entgegen.«

Trotz dieser utopischen Rhetorik hatte Joe ihre Pläne nicht aus der Luft gegriffen. Seit der Sklavenbefreiung ein Jahrhundert zuvor waren alle Versuche gescheitert, auf den Inseln eine tragfähige Landwirtschaft zu entwickeln. Teilweise lag das an der weiten Streuung der äußeren Inseln, doch Joe war überzeugt, daß sich dieses Problem mit einem guten Transportsystem und der ausreichenden Verteilung von Düngemitteln ohne weiteres lösen ließ. Das war eine Kampfansage an die weißen Politiker in Nassau, denen alle wichtigen Geschäfte der Stadt gehörten und die deshalb nach der Hauptstraße Nassaus die »Bay Street Boys« hießen. Ihr Geld verdienten sie am Import, und sie hatten kein Interesse an der Entwicklung einer einheimischen Landwirtschaft. Sie kontrollierten den Schiffsverkehr zwischen den Inseln und diktierten die Preise in den Geschäften von Nassau. Joe nahm sich vor, ihre Macht zu brechen.

Sie war die Geschäftsträgerin der Liga, und ihr unterstand eine ganze Hierarchie von Führungskräften für Propaganda, Landwirtschaft, Buchhaltung und Öffentlichkeitsarbeit, dazu kamen noch medizinische, juristische und Religionsbeauftragte (letzteren Posten füllte Reverend Julian Henshaw aus). Wer der Liga beitreten wollte, meldete sich bei einem der Beauftragten und wurde im Falle seiner Aufnahme einer Initiationszeremonie unterzogen. Der Anwärter mußte eine Reihe von Gebeten, Eiden und Gelöbnissen nachsprechen, die von Trommelwirbeln und Hornsignalen begleitet waren. Schließlich wurde dem neuen Mitglied ein Abzeichen angeheftet. Die Satzung schrieb jeden Schritt genau vor: »Dem Mitglied wird dann die Mitgliedskarte ausgehändigt, und es zieht sich schweigend zurück. Wenn das Mitglied das Gebäude oder den Versammlungsort verläßt, soll ein Hornsignal ertönen, so daß die Außenstehenden erfahren, daß wieder ein neues Mitglied gewonnen wurde.« Joe, die schon mehrere Wiedergeburten hinter sich hatte, wollte die schwarzen Anwohner der Bahamas neu erschaffen – einen nach dem anderen.

Die Mitglieder der Liga erhielten das Vorrecht, sich bei einer Farm auf Bird Cay zu bewerben, einer kleinen Insel in drei Kilometern Entfernung von Whale Cay, oder auf ihrer heimischen Insel eine Anstellung zu bekommen. Im ersten Jahr versorgte die Liga (mit anderen Worten: Joe) die Farmer gratis mit Lebensmitteln, Kleidung, einer Ration Bier und Zigaretten, mit Saatgut, Werkzeugen, Düngemitteln und landwirtschaftlichen Ratschlägen. Die Mitglieder erhielten anstelle von Löhnen Gutscheine im Gegenwert der Produkte, die sie zu einem zentralen Markt brachten. Nach einem Jahr sollte die Gratisversorgung eingestellt werden, und die Farmer sollten die Erlaubnis erhalten, die Früchte ihrer Arbeit gegen Geld zu verkaufen.

Weiter regte Joe die Eröffnung eines Geschäfts in Nassau an, das nur einheimische Produkte verkaufen und den Importwaren in den anderen Geschäften der

Stadt Konkurrenz machen sollte. Sie schlug den Kauf eines Frachtschiffs vor, das die Waren von den äußeren Inseln zur Hauptstadt transportieren sollte, und die Anstellung eines Landwirtschaftsexperten zur Beratung der Farmer. Allen Mitgliedern garantierte sie freie medizinische Betreuung, juristischen und religiösen Beistand sowie finanzielle Zuschüsse für den Bau von Gewächshäusern und Zisternen. Ihr Ziel war es, daß die Mitglieder sich selbst ernähren konnten. Wie in ihrem Privatleben strebte sie danach, auf nichts und niemanden angewiesen zu sein (außer auf Wadley), den Mitgliedern ihrer Liga predigte sie Selbstbewußtsein und Unabhängigkeit.

Joe hatte schwarze Freundinnen, doch keine stammte von den Bahamas. Um 1940 hatte sie eine Affäre mit der schönen Blanche Dunn, die sich nach einer kleinen Rolle in *The Emperor Jones* (1933) von der Schauspielerei zurückzog und eine ganze Serie von illustren und skandalösen Affären hinter sich brachte. Einer ihrer Liebhaber wurde von seiner eifersüchtigen Frau umgebracht, und Blanche selbst ging einmal mit dem Messer auf Joe los, die sich durch einen Sprung aus dem Hotelfenster in Sicherheit bringen mußte. Joe pflegte auch platonische Freundschaften mit schwarzen Frauen. In Frankreich hatte sie in den dreißiger Jahren die Sängerin Mabel Mercer kennengelernt, die am Ende des Jahrzehnts »fast meine Schwester« geworden war. »Ich habe sie für eine sehr bedeutende Frau gehalten, und sie hatte eine wundervolle Stimme«, sagte Joe. »Sie war sehr korrekt, müssen Sie wissen, das genaue Gegenteil von mir.« In der Befürchtung, die Nazis könnten Mabel wegen ihrer

Hautfarbe verfolgen, drängte Joe sie noch vor dem Krieg dazu, Paris zu verlassen. 1938 überquerte sie den Atlantik – die Überfahrt bezahlte Joe – und wurde ein regelmäßiger Gast auf Whale Cay. Sie hatte einen »grünen Daumen«, wie Joe sagte, und pflanzte überall auf der Insel Bäume. Wenig später tat sie sich mit dem Komponisten Bart Howard zusammen, der ebenfalls von Joe geschätzt und unterstützt wurde, und nahm seinen Song *Fly Me to the Moon* auf, der später von Peggy Lee populär gemacht wurde.

In den dreißiger und vierziger Jahren beschäftigte Joe sowohl Schwarze als auch Weiße, während in Nassau die Rassendiskriminierung bis in die sechziger Jahre anhielt. Als sie in den damals noch von einer starken Rassendiskriminierung geprägten amerikanischen Südstaaten mit einer schwarzen Freundin in ein Restaurant ging, trat ihnen eine mißbilligende Kellnerin entgegen. »Ist diese Dame farbig?« fragte die Frau.

»Ganz bestimmt nicht!« dröhnte Joe und beantwortete so eine Absurdität mit einer anderen. Der liberalen bahamischen Zeitung *The Herald* galt sie als Heldin, weil sie sich so offen und beredt für die Belange der Schwarzen einsetzte. Mit ihrer Liga machte sie sich zeitweise zum Motor der wirtschaftlichen Emanzipation der Schwarzen. Ihr Aufruf artikulierte unmißverständlich, daß die Bahamas von Weißen für die Weißen regiert wurden und daß es Sache der Schwarzen war, dies zu ändern.

Auch Joe fühlte sich vom Establishment zurückgesetzt – erst in England, jetzt in Nassau. Die Schwarzen empfand sie als Verbündete, als einfache, arbeitende

Menschen, die sich gegen die Macht der überkommenen Verhältnisse stemmten. Doch gleichzeitig betrachtete sie die Schwarzen als ihre Untertanen; ihre Gefühle waren ein buntes Gemisch aus Idealismus und Vorurteilen. Um ihre Rebellion zu inszenieren, verwandelte sie sich in das perfekte Abbild eines Kolonialherren und schmückte sich mit den altmodischen britischen Mannestugenden: Sie stand für das Empire, für die gute englische Art, für Reinlichkeit, Fleiß, Tatendrang und Zivilcourage. Entsprechend patriarchalisch war ihre Coloured League of Youth. Geführt wurde sie in der Hauptsache von Weißen, und sie gründete sich auf den »Schwächen der schwarzen Rasse«.

»Schuld an der bedrückenden Armut bei vielen Schwarzen sind nicht nur die Benachteiligungen durch die Hautfarbe«, schrieb Joe in ihrem Aufruf. »Der Grund ist auch, daß so viele von ihnen kindisch, unehrlich und unzuverlässig sind. Ein Volk, das in der Mehrzahl keine Wahrheit kennt und keine Moral. Sie besitzen keine Intelligenz und sind blind für die Verantwortung gegenüber dem großen Empire, zu dem sie gehören – und dem Land, in dem sie geboren wurden.«

Trotz dieser massiven Vorurteile fanden die weißen Kaufleute von Nassau Joes Liga gefährlich subversiv. Die »Bay Street Boys«, die im Kolonialparlament die Mehrheit innehatten, gaben Joe zu verstehen, daß ihre Liga geeignet sei, den Rassenhaß zu schüren, und verlangten, daß sie ihre Aktivitäten einstellte. 1940 zog Joe den Gründungsaufruf zurück und gab ein neues Rundschreiben heraus, in dem sie betonte: »Die Bewegung möchte keine Feindschaft zwischen den beiden Rassen erzeugen, sondern sie versucht nur, der schwarzen Rasse zu wirtschaftlichem und sozialem Fortschritt zu verhelfen.« Die Tatsache, daß die Bahamas von Weißen regiert wurden, bezeichnete sie nun als »recht und billig«. »Diese Inseln wurden von Weißen entdeckt, von Weißen besiedelt und von Weißen regiert ... Um einige wenige, die ihre Fähigkeiten bewiesen haben, drängt sich der ganze Haufen farbigen Volks und lauert auf die Brosamen, die von den Tischen fallen.« Den Mitgliedern der Liga wurde die Einsicht nahegelegt, daß sie »gegenwärtig noch Führung nötig hätten«, und sie sollten eingestehen: »Das ist unsere *eigene* Schuld. Wir waren träge und dumm.«

Die »Bay Street Boys« waren erst einmal besänftigt. Doch gegen Ende des Jahres 1941 machte sie die Regierung Britisch-Westindiens direkt für die Armut der Bevölkerung und die große Verbreitung der Syphilis verantwortlich.

»Immer wenn meine Neger nach Nassau fahren« beklagte sich Joe beim *New York World Telegram*, »holen sie sich die Syphilis. Die Touristen werden über die Zustände im unklaren gelassen. Sie sehen nur das Pittoreske ... Für diese Zustände ist das Parlament der Bahamas in Nassau verantwortlich zu machen. Gestellt wird es von den Kaufleuten der Bay Street. Alles, was sie interessiert, ist der Tourismus. Und das ist eine Schande. Die Gesundheit und die wirtschaftliche Lage des Volkes bedeutet diesen Leuten im Parlament überhaupt nichts. Die Inseln sollten auf landwirtschaftlicher Basis bewirtschaftet werden. Ich habe bewiesen, daß jedes Gewächs der Welt auf den Bahamas angebaut werden kann … Die Händler von der Bay Street importieren lieber die Avocados und verkaufen sie für 75 Cent das Stück, statt heimische Avocados zu nehmen, die sie für ein paar Cents verkaufen könnten. Und warum? Weil hohe Preise mehr Profit bringen.«

Das Nassauische Parlament war entrüstet. Joe Carstairs sei ein »undankbarer Gast«, erbosten sich die Abgeordneten, man habe ihr »Zuflucht vor Verhältnissen gewährt, die ihr in ihrem eigenen Land mißfielen«, und nun »beschmutzt sie den guten Ruf dieser Inseln«. Das Interview, das Joe der New Yorker Zeitung gewährt hatte, war die größte Sensation der Bahamas seit der Ernennung des Herzogs von Windsor zum Gouverneur. In der Regierung stritt man sich, ob sie vor Gericht gestellt oder ausgewiesen werden sollte. Sie hatte den Bogen überspannt.

Am Ende des Jahres 1941 war sie allgemein geächtet. Ihre Liga, des Kampfgeists beraubt, schrumpfte zu einem Nichts. Als die Vereinigten Staaten 1941 in den Krieg eintraten, zogen viele Bahamer nach Amerika und besetzten die Stellen in Industrie und Landwirtschaft, die infolge des Krieges frei wurden. Zur gleichen Zeit finanzierte der Philanthrop und Multimillionär Sir Harry Oakes den Bau von zwei Flugplätzen auf New Providence und verschaffte damit Tausenden von Bahamern Lohn und Brot. Bald wechselten auch Angestellte von Joe zu dem neuen Arbeitgeber.

Joe versuchte auf ihre Weise, zum Sieg der Alliierten beizutragen. Als die britische Navy um die Bereitstellung von Schiffen bat, die als Minensuchboote einsetzbar waren, bot sie sofort ihre *Sonia II* an. »Dieses Schiff«, schrieb sie in einer Pressemitteilung, »einer der schönsten Privatschoner der Welt, wurde von Miss Carstairs vorbehaltlos der Flotte Ihrer Majestät überstellt.« Doch die Flotte Ihrer Majestät lehnte *Sonia II* als ungeeignet ab. Nach dem Angriff auf Pearl Harbor bot Joe ihr Schiff der amerikanischen Navy an und wurde erneut abgewiesen.

Sie legte dem Herzog von Windsor einen Plan vor, eine Kampftruppe aufzustellen, die nebenbei in der Landwirtschaft arbeiten und die Kolonie in Kriegszeiten autark machen sollte. Der Vorschlag wurde ignoriert.

Natürlich wollte Joe auch selbst ins Kriegsgeschehen einsteigen. Sie fragte ihren Halbbruder Francis Francis um Rat, wo sie sich rekrutieren lassen könnte. Die Antwort traf sie an ihrer empfindlichsten Stelle: »Falscher Jahrgang, falsches Geschlecht«, antwortete er kurz und bündig.

16

Das Niemalsland

»Ich weiß nicht, ob ihr jemals die seelische Landkarte eines Menschen gesehen habt«, schrieb J.M. Barrie in *Peter Pan:*

Manchmal zeichnen die Doktoren Landkarten von euch, und eure eigene Landkarte kann äußerst interessant werden, aber stellt euch vor, sie zeichnen die Karte von der Seele eines Kindes, das nicht nur durcheinander ist, sondern die ganze Zeit umherirrt. Da findet man Zickzacklinien wie auf einer Fieberkurve, und wahrscheinlich gibt es auch Straßen auf dieser Insel, denn das Niemalsland ist immer so etwas wie eine Insel, mit wunderlichen Farbklecksen hier und da, mit Korallenriffen und verwegenen Schiffen auf offener See, mit Wilden und einsamen Schlupfwinkeln, mit Gnomen, die meist Schneider sind, und Höhlen, durch die ein Bach fließt, und Prinzen mit sechs älteren Brüdern und einer Hütte, die zusehends verfällt, und einer sehr kleinen alten Dame mit krummer Nase. Es wäre eine harmlose Landkarte, wenn das schon alles wäre, aber da gibt es noch den ersten Schultag, die Religionsstunde, Väter, den runden Teich, Handarbeit, Morde, Hinrichtungen am Galgen, Verben, die den Dativ verlangen, Schokoladenpuddingtage, Hosenträgeranmachen, neunundneunzig sagen, drei Pence, wenn man sich den Zahn selber zieht, und so weiter; und all diese Sachen gehören zur

Insel, oder sie bilden eine andere Landkarte, die hindurchschimmert, und das ist alles ziemlich verwirrend, besonders deshalb, weil nichts davon jemals stillhält ... An diesen verzauberten Küsten werden Kinder beim Spielen immer und für alle Zeiten vor Anker gehen. Auch wir waren dort; wir hören noch die Brandung, doch an Land gehen werden wir dort nie wieder.

Joe Carstairs ging wieder und wieder im Niemalsland an Land. Wadley war ein Abbild und Whale Cay die Landschaft ihrer Seele. Die Insel war ihre eigene Schöpfung, glaubte Joe. »Ich habe nichts *verbessert!*« rief sie ungehalten. »Es war überhaupt nichts da. Ich habe nur gemacht, was *ich* wollte.« Indem sie sich ein Gegenkönigreich schuf, eine Phantasiewelt, in der man wirklich leben konnte, trotzte sie den Vernunftgründen und dem Tadel der Erwachsenenwelt. 1941 wurde sie erneut von dieser Welt geächtet, und wieder zog sie sich auf ihr Niemalsland zurück. Whale Cay war ein Teil ihrer selbst, daher stand auf der Insel die Zeit still. Hier konnte sie ein Junge sein, der niemals erwachsen werden mußte.

In ihren Mädchenjahren hatte Joe einen wiederkehrenden Traum gehabt, den sie später als Vorahnung interpretierte, als Vision von Whale Cay. Man kann ihn auch als eine Erinnerung an ihre denkwürdige Überfahrt nach Amerika im Jahr 1911 deuten, über die sie später schrieb: »Verließ die Familie mit elf.«

In diesem Traum befand sie sich an Bord eines kleinen Dampfers, der voller Gepäck und Menschen war und über ein wundervoll blaues Meer fuhr. Auch der

Himmel war tiefblau, betupft mit weißen Wolken, und es blies ein kräftiger Wind. Dann kam Land in Sicht, ein Strand mit Dünen und hohem Dschungelgras, das im Wind wogte. Die Dünen waren cremig rosafarben, das Gras hatte die Farbe des Weizens. Auf einer der Dünen stand ein Haus, das aussah wie das Flatiron-Building in New York. Joe spürte ein starkes Verlangen, an Land zu gehen, was ihr merkwürdig vorkam, wie sie feststellte, da es ihr eigentlich auf Schiffen besser gefiel. Aber sie konnte nicht von Bord gehen, da sie unter all dem vielen Gepäck ihre eigenen Sachen nicht wiederfand. »Wenn ich doch nur von diesem Schiff herunterkönnte«, dachte sie, »aber ich brauche mein Gepäck.«

»Es war immer derselbe Traum«, sagte Joe, »und ich kam nie von dem Schiff herunter. Jedesmal dasselbe wie nach einem festen Muster.«

Als sie Anfang dreißig war, ging sie schließlich an Land und ließ ihr Gepäck zurück. Indem sie Whale Cay kaufte, wurde sie den Traum, den sie in sich trug, endgültig los. Auf der Insel konnte sie ihre Phantasien ausleben, alles verwirklichen, was in ihr steckte, so daß sie von den drängenden Gefühlen und Erinnerungen unbehelligt blieb.

Auch die Darling-Kinder aus Barries Roman *Peter Pan* erkannten das Niemalsland, als sie es erreicht hatten: »Seltsam, aber wahr: Sie erkannten es sofort.« Und so wie Whale Cay nach Joe gerufen hatte, rief das Niemalsland die Darling-Kinder: »Die Insel hielt nach ihnen Ausschau. Und nur so ist es möglich, diese verzauberte Küste zu sichten.« So wie Joe Whale Cay ins

Leben rief, wird das Niemalsland von Peter Pan erweckt: »Das Niemalsland, das Peter Pans Rückkehr gespürt hatte, war zu neuem Leben erwacht ... Wenn Peter Pan, der die Trägheit haßt, wieder da ist, setzt sich alles in Bewegung. Ihr müßt nur das Ohr an den Boden halten, dann könnt ihr hören, wie es auf der Insel brodelt vor Leben.«

Für Joe war Trägheit gleichbedeutend mit dem Tod. Einmal wurde sie gefragt, ob sie auf Whale Cay nicht die Motorbootregatten vermißte. »Man kann Bewegung nicht auf bestimmte Formen begrenzen«, antwortete sie. »Hier herrscht eine andere Art von Tempo.« Die Insel war ein Ort, an dem man immer lebendig war, weil er nie zum Stillstand kam; Whale Cay war so voller Leben, daß Joe kaum Schlaf fand. »Manche Leute schlafen wie die Toten«, stellte sie fest. »Ich nicht. Ich habe einen leichten Schlaf und wache oft auf. Ich schlafe sozusagen auf der Bettkante.« Als ob das Bett zu ihrem Grab werden könnte, vergrub sie sich nicht zu tief in ihre Decken und scheute den tiefen Schlaf. »Durch meine Lebensweise habe ich mich schrecklich jung erhalten«, sagte sie. Auch der spanische Eroberer Ponce de Leon, der 1513 auf die Bahamas gelangte, war auf der Suche nach dem sagenhaften Jungbrunnen gewesen und behauptete, ihn auf den Bimini-Inseln etwa dreißig Kilometer westlich von Whale Cay gefunden zu haben.

Aktivität war Joes Mittel, dem Tod zu trotzen, ihrer Sterblichkeit ein Schnippchen zu schlagen. Anscheinend lebte sie im Glauben, den Tod besiegen zu können, indem sie ihn ignorierte. Sie nahm ihre Zeit selbst in die Hand, um nicht von ihr verschlungen zu werden. Freunden fiel auf, daß Joe nie über Müdigkeit klagte. Das Wappen von Whale Cay zeigte die Sonne, das Symbol des immerwährenden Tages; die Inselflagge wurde täglich zusammen mit dem Union Jack gehißt. Der kleine Gott von Whale Cay war Wadley, alterslos, unveränderlich und stumm. Wie die Insel nahm auch er Joes Sehnsüchte auf sich und erleichterte ihr so die Reise.

Joe blieb jung, weil sie die Vergangenheit vergaß und mit ihr die Zukunft. »Niemand vergißt sein erstes Ungemach«, schreibt Barrie, »niemand außer Peter. Er begegnete ihm oft, aber er vergaß es immer wieder. Vermutlich war das der eigentliche Unterschied zwischen ihm und allen anderen.« Auch Joe besaß die Gabe, das Unrecht, das man ihr angetan hatte, sofort zu vergessen. »Kannst du dich an jemanden erinnern, der dich je wie Dreck behandelt hat?« fragte sie ein Freund. »Nein«, erwiderte sie. »Wenn das einer gemacht hätte, hätte ich die Erinnerung daran bestimmt wie einen Dämon ausgetrieben.«

So wie sie ihre Vergangenheit bereinigte, verfuhr sie auch mit dem Schmutz – den Vorboten der Sterblichkeit und des Verfalls – auf ihrem Anwesen auf Whale Cay: er wurde ausgetrieben. Sie stellte einen Trupp zusammen, der allen Unrat aufsammelte und an einem zuvor festgelegten Platz verbrannte. Jeden Monat wurden die Häuschen der Anwohner auf Sauberkeit überprüft. Die Junggesellen, stellte Joe fest, waren reinlicher als die Männer, die mit ihrer Frau in einem der Häuschen lebten.

Das Herrenhaus, innen und außen weiß, wurde regelmäßig gestrichen. Zu jedem Schlafraum gehörte ein riesiges Badezimmer. Angeblich aus Angst vor Syphilis setzte sich Joe nie auf die Klosettbrille. Die Sessel im Parterre waren mit Kunststoff oder mit weißem Leder bespannt, damit man sie besser reinigen konnte, und der Fußboden war mit glänzenden, hummerroten Kacheln ausgelegt. Ein Mann war einzig damit beauftragt, das Silber zu putzen, ein anderer war für die Kupfer- und Messinggegenstände verantwortlich. Der syrisch-bahamische Butler Bertram bediente grundsätzlich mit weißen Handschuhen. Die zahlreichen massigen Möbel waren auf der Insel gefertigt und bestanden aus einheimischem Mahagoni und Lebensbaum. Die geräumige Küche war mit Schränken aus Edelstahl ausgestattet, und auf dem Boden lag Linoleum.

Vier Frauen arbeiteten in der Waschküche und wuschen Tag und Nacht. Die Qualität ihrer Arbeit wurde so gerühmt, daß Besucher mit Koffern voll Schmutzwäsche anreisten. »Wenn man ins Badezimmer ging und das Hemd auszog«, berichtete ein Besucher, »kamen gleich drei oder vier schwarze Frauen, rissen einem das Hemd aus der Hand und brachten es in die Waschküche.« Joe wechselte ihr Hemd mehrmals täglich und bestellte einmal vierzig neue Hemden bei ihrem Schneider. Sie bestand darauf, daß ihre weißen Hemden nur von der besten Wäscherin, Miss Martha, gewaschen wurden und in der Sonne trockneten. Als die Mutter einer Freundin meinte, Joe sei eine »blitzsaubere Person«, war sie beglückt.

Obwohl sie gern den Doktor spielte und Krankheiten heilte, ertrug sie die Gegenwart von Kranken nicht. Gästen mit Erkältung wurde nahegelegt, im Zimmer zu bleiben. In den späten vierziger Jahren machte Reverend Julian Henshaw mit einer von Joes Freundinnen eine Reise nach Rom, wo sich gerüchtweise verbreitete, er habe eine Schwarze Messe zelebriert. Nach seiner Rückkehr zeigte sich, daß er sich die Syphilis zugezogen hatte. Joe war entsetzt: »Wie kannst du als Priester mit all den Jungen schlafen?« Sie verbannte Henshaw von der Insel. Sein Zustand verschlechterte sich schnell, und kurze Zeit später starb er in einem Krankenhaus in Nassau. Joe meinte, Henshaws Seele würde nun um die Welt rasen, um für seine Sünden zu büßen. »Julian wird keine Ruhe finden. Immer im Kreis wird er rasen.«

Henshaws Geschlechtskrankheit hatte Joe zum Handeln gezwungen. Doch verärgert war sie schon vorher über seine moralische Verkommenheit gewesen, da er nicht davor zurückschreckte, sich an Kindern zu vergreifen. Joe empfand kleine Jungen als ihresgleichen – ihre besten Jahre erlebte sie, wie sie sagte, im Alter zwischen sieben und fünfzehn. »Sie sehen in mir einen von ihnen … sie mögen mich, als wäre ich auch ein kleiner Junge.« Ein Junge hatte ihr verschwörerisch zugeflüstert, daß sein Vater ein alter Mann sei – der Vater war etwas über vierzig und jünger als Joe. Daran sehe man, schloß Joe, daß der Junge ihr wirkliches Alter nicht wahrnehme. Die Kinder auf Whale Cay nannten Joe »unsere Verwandte«.

Das erste weiße Kind, das auf Whale Cay geboren wurde, war Blanche Lowe, die Tochter von Hutchins

Lowe, einem ihrer Schiffskapitäne. Der elternlose Lowe war als Sechzehnjähriger zur See gegangen und hatte schon auf einem Schmugglerschiff, einem Postboot und einem Versorgungsschiff gearbeitet, bevor er bei Joe in Dienst trat. Vielleicht aus Enttäuschung darüber, daß Lowes Kind kein Junge war, kleidete Joe die kleine Blanche wie einen Soldaten in Khaki. Sie und bald darauf auch ihre kleinen Schwestern wuchsen auf wie Jungen, sie spielten Murmeln und Fußball, streiften wild durch den Busch und wurden von einem alten schwarzen Mann namens Jake betreut. »Ich glaube, nachdem Daddy vier Mädchen bekommen hatte, ließ Miss Carstairs von ihm ab«, erinnerte sich eine der Töchter. Aber Joe bewahrte ihre große Zuneigung für Blanche, und als sie einen Tumor am Bein bekam, sorgte Joe dafür, daß sie in New York behandelt wurde.

Joe nahm auch Ben Dawkins unter ihre Fittiche. Sie holte den schwarzen Jungen zu sich ins Herrenhaus, wo sie ihn arbeiten ließ, hübsch einkleidete und unterrichtete. Sie drängte ihn dazu, Boxer zu werden, und war verärgert, als er schließlich die Insel verließ, um in Florida sein Glück zu versuchen. Das Problem mit Jungen war, daß sie zu Männern wurden und dann das Weite suchten. Als Ben Dawkins ihr erzählte, daß er zu Ehren von Whale Cay mit dem Beinamen »The Whale« in den Ring gehen wolle, verzieh ihm Joe ein wenig und ließ mehrere Boxerroben für ihn anfertigen.

In den frühen fünfziger Jahren wandte sich Reverend Prince Hepburn, ein schwarzer Pfarrer aus dem ärmeren Viertel von Nassau, der Charme und Überredungsgabe besaß, mit der Bitte an Joe, ein Sommerlager für Jungen aus armen Familien auf Whale Cay einrichten zu dürfen. Joe stimmte zu und versprach, Transport, Unterbringung und Verpflegung zu übernehmen. Hepburn dankte ihr, aber wandte ein, die Verpflegung wolle er selbst organisieren, damit die Gemeinde auch etwas zu tun bekomme. »Alle Achtung«, sagte Joe dazu. »Sie sind der erste Bahamer, der nicht gleich den Sattel dazu haben will, wenn man ihm ein Pferd schenkt.« Sie sprang auf und schüttelte ihm die Hand. »Ich gratuliere. Sie können auf mich rechnen.« Das Ferienlager etablierte sich auf der Insel und fand jeden Sommer statt, solange Joe lebte.

»Ich habe Joe Carstairs als sehr nett, aber auch als sehr anstrengend kennengelernt«, erinnerte sich Prince Hepburn. »Ms. Carstairs bestand auf Disziplin. Manchmal konnte sie sehr ungemütlich werden. Aber wenn sich der Sturm legte, war alles verziehen, und sie war wieder ruhig und zahm.« Joe besuchte gern die Ferienkolonie auf ihrer Insel. Die Jungen dort verließen die Insel wieder, bevor sie erwachsen wurden, und ersparten ihr auf diese Weise manche Enttäuschung. In Nassau wurde sie später des öfteren von Männern angesprochen: »Als Junge war ich bei Ihnen auf Whale Cay.« Ein Mädchenlager wurde auch auf der Insel eingerichtet, aber an dem zeigte Joe kein Interesse.

Joe war in ihrem Reich nicht bemüht, Jungen zu Männern zu machen, sondern umgekehrt Männer – und auch Frauen und Mädchen – in Jungen zu verwandeln. Immer war sie umgeben von »kleinen Leuten, kleinen Jungs«, erinnerte sich eine Freundin. Trotz ihrer sexuellen Eskapaden schien ihr ein geschlechtsloses, vorpubertäres Königreich vorzuschweben. In ihrer Phantasiewelt gab es keine Fortpflanzung, nur die Selbstschöpfung. Ihren Abscheu vor der Zeugung brachte sie in dem Gedicht *Lebende Tote* zum Ausdruck:

> Das lustvolle Gestoße der Massen,
> Kinderwagen nach Hause schiebend,
> immer bestrebt die Nation zu vermehren –
> blindwütige Kopulierer.

Wenn Joe freitags am Laden die Löhne auszahlte, hielt sie ihren Arbeitern immer mal gern eine Standpauke. Manchmal kritisierte sie, daß zu viele Kinder auf der Insel geboren würden – »Laßt ihn in der Hose«, empfahl sie den Männern.

Nach Joes Ansicht brachte der Sex nicht nur Kinder, sondern auch den Verrat hervor. Das hatte sie sich schon des öfteren bewiesen, indem sie ihre Geliebten betrog, wie auch ihre Mutter es getan hatte. »Gegenüber Freunden bin ich viel treuer als gegenüber Geliebten«, sagte sie. Wadley war ideal beschaffen, was das betraf. Er war ein kleiner Knirps, besaß keine Genitalien und entstammte einer unbefleckten Empfängnis – ein Junge ohne Mutter.

Im Niemalsland des *Peter Pan* sind Mütter ein Greuel. Als Peter am Ende des Buches die erwachsen gewordene Wendy besucht, die nun selbst Mutter geworden ist, fühlt sie sich »hilflos und schuldig, als große Frau«. »›Hallo, Wendy‹, sagt Peter. ›Hallo, Peter‹, hauchte sie und machte sich so klein wie möglich. Etwas in ihr weinte. ›Frau, Frau, laß mich los.‹«

Hinter Joes Ehrgeiz, immer sportlich und schlank zu bleiben, verbarg sich die Angst vor der Verweiblichung. Sie wollte die Figur eines Jungen behalten und immer freien Zutritt zum Niemalsland haben. »Joe hat einen Busen?« fragte der Sohn einer Freundin mit gespieltem Erstaunen, als sie schon über achtzig war. »Das kann ich mir nur schwer vorstellen.«

Die Abschaffung der Erwachsenenwelt hatte auch grausame Züge. Das Niemalsland wird es so lange geben, schrieb Barrie, wie Kinder »fröhlich, unschuldig und herzlos« sind. Joes Spiele und Streiche waren von Bosheit durchsetzt, und manchmal demonstrierte sie ihre Macht auf ungute Weise. Bei einem Angelausflug aufs Meer, so erinnerte sich ein Freund, entdeckte Joe in Bootsnähe einen Stachelrochen und bestand darauf, daß alle ins Wasser sprangen. In *Peter Pan* dürfen die Verlorenen Jungen* in Peters Gegenwart nicht von ihren Müttern sprechen, und »wer Anstalten macht, erwachsen zu werden, was gegen die Regeln ist, wird von Peter ausgesondert«. Wer sich auf Whale Cay nicht nach Joes Regeln richtete, wurde ebenso verbannt.

Diese Grausamkeit entstammte jedoch dem Drang, den Kummer von sich abzuwehren. Peter Pan betrachtet sein Niemalsland wie Joe Carstairs als ein freiwilliges Exil: »Am Tag meiner Geburt bin ich weggerannt.« Aber gegen Ende des Buches gesteht er ein, daß er zu

* »Das sind die Kinder, die aus dem Kinderwagen fallen, wenn die Amme gerade wegschaut. Wenn sie nicht binnen sieben Tagen eingelöst sind, werden sie weit weg ins Niemalsland geschickt, damit sie keine Kosten verursachen.« (Peter Pan, 3. Kapitel)

seiner Mutter zurückkehren wollte, das Fenster verriegelt fand und in seinem Bett einen anderen Jungen liegen sah. Mütter, schloß er daraus, sind »sehr überbewertete Personen«. Als die Darling-Kinder und die Verlorenen Jungen trotz Peters Warnung vor den Müttern beschließen, die Insel zu verlassen, war Peter »sehr bekümmert: und er war so voller Zorn auf die Erwachsenen, die wie immer alles verdarben, daß er, kaum war er wieder in seinem Baum, absichtlich schnell atmete, mit etwa fünf kurzen Atemzügen in der Sekunde. Denn ein Sprichwort im Niemalsland besagt, daß mit jedem Atemzug, den man tut, ein Erwachsener stirbt, und Peter wollte in seiner Rachsucht so viele erledigen, wie er nur konnte.«

Anklänge an dieses traurige und grausame Niemalsland finden sich in einem Gedicht, das Joe 1941 schrieb. Es handelt von Wadleys Geburt an einem Schweizer Andenkenstand, wo Ruth Baldwin ihn 1925 erworben hatte, und macht Wadley zu einem »Verlorenen Jungen«.

Er stand auf einer verschneiten Mauer
der kleine Bergführer so gescheit
ein krummes altes Weiblein
saß strickend ihm zur Seit.

Ihr Stand mit all den Waren,
der bot ein schmuckes Bild
in Rosegg hoch im Engadin
auf einem Bergesgipfel wild.

Es gingen zu dieser Hochsaison
die Käufer an ihrem Stand entlang,
hinter den Hügeln und Klüften
hörte man sanften Glockenklang.

Doch die Geschichte endet traurig
wie es so oft passiert,
der hübsche kleine Bergführer
ward von seinem Platz entführt.

Dem krummen alten Weiblein
sollte der geliebte Sohn entrissen werden.
Er war zwar nur ein Spielzeug-Kind,
doch ihr »Einziger« auf Erden.

In Joes Gedicht wird Wadley seiner Pflegemutter entführt und wie Peter Pans Verlorene Jungen in ein Land ohne Mütter verschleppt. Joe belegte Wadley mit ihren eigenen Erinnerungen, und in dem Gedicht muß sich daher eine Szene aus ihrer Kindheit verbergen. Vielleicht lebte in ihr die Erinnerung an ein geliebtes Kindermädchen, dem sie entrissen wurde. Oder es wirkte in ihr die Vorstellung nach, daß sie vor der Geburt ihrer Halbgeschwister, obwohl nur ein Mädchen, auch Mutters »Einziger« war – daß sie von ihr geliebt wurde, als wäre sie ein Sohn.

17

Auf die Gesetze pfeife ich!

Manchmal – und das war das Schöne daran, eine Puppe zu haben, mit der man spielen konnte – bildete Wadley das engelhafte Gegenstück zu dem Teufel, der in Joe steckte. – Der schmucke Matrosenjunge und der wüste Pirat, Peter Pan und der böse Captain Hook. Seit Joe ihr Regiment auf Whale Cay errichtet hatte, war sie eine Gesetzlose und zugleich eine Gesetzgeberin.

Im frühen 18. Jahrhundert waren die Bahamas eine anarchische Piratenrepublik gewesen. Tausende Seeräuber machten die Gewässer unsicher, kaperten Schiffe und suchten auf den Inseln Zuflucht vor dem Gesetz und vor den Stürmen. Auf den Cays vergruben sie ihre Schätze, in den geschützten Buchten verschanzten sie sich und reparierten ihre Schiffe, die Kanonen zur Abschreckung am Ufer aufgebaut, und sie vertrieben sich – wie Joe – die Zeit mit Spielen und groben Scherzen, zum Beispiel mit gespielten Gerichtsprozessen und Hinrichtungen.

Schon 1931 war Joe zur Schatzsuche auf die Kokosinsel gefahren, auch auf Whale Cay hoffte sie, Truhen mit Gold auszugraben. Es gab etliche Hinweise, daß die Insel als Piratennest gedient hatte, aus den Wasserlöchern holte man Kanonenkugeln, und sie fand ein altes spanisches Messer, das sie ihrem Museum einverleibte.

Der berühmteste Seeräuber des 18. Jahrhunderts war Edward Teach, auch Blackbeard genannt. In *Peter Pan* ist er der Kapitän, bei dem Hook als Bootsmann diente, bevor er selbst Kapitän wurde. Ähnlichen Ruhm genossen auf den Bahamas die Piratinnen Mary Read und Anne Bonny, denn sie trotzten nicht nur den Gesetzen, sondern auch dem Aberglauben. Nach altem Seemannsglauben brachte eine Frau an Bord Unglück. »Sie trugen Männerjacken«, schrieb Captain Charles Johnson in seiner aus dem 18. Jahrhundert stammenden Geschichte des Piratentums, »dazu lange Hosen, und um den Kopf hatten sie Taschentücher gebunden … Jede von ihnen hatte eine Machete und eine Pistole in der Hand, und sie verfluchten und beschimpften die Männer.« Als die beiden gefangen waren und der Hinrichtung entgegensahen, erklärte Mary Read die harte Bestrafung für angebracht, denn wenn nicht der Galgen drohte, argumentierte sie, würden sich bald Feiglinge der Seeräuberei zuwenden und den wahrhaft Mutigen die Beute wegschnappen.

Anne Bonnys Kapitän und Liebhaber Jack Rackham hatte etwas von einem Dandy und war wegen seiner Vorliebe für bunte Westen, Hosen und Bänder auch als »Calico-Jack« bekannt. J. M. Barrie bemerkt in *Peter Pan*, daß die »dunkle Natur« des Captain Hook »wie bei allen Piraten von einem Schuß Weiblichkeit durchwirkt« war. Die Piraten siedelten und raubten am äußersten Rand der Zivilisation, und diese Außenseiterstellung ließ sich leicht auch in eine sexuelle

Zwischenstellung übersetzen. Die Auflösung der Geschlechterrollen in den bahamischen Piratenlegenden ging so weit, daß erzählt wird, Mary Read habe bei Jack Rackham als Matrose angeheuert und Anne Bonny, die in ihr einen Mann sah, habe versucht, sie zu verführen.

Marlene Dietrich, die ihre Karriere auf ihre sexuelle Ambivalenz aufbaute, kannte Joe Carstairs als »den Piraten«. Beide trafen sich im Sommer 1937 in Südfrankreich; im Juli und August gab Joe ihren Arbeitern stets Urlaub und machte sich auf Reisen nach Europa oder in die USA. Anfangs wich Joe der Dietrich beharrlich aus, dann wurden sie einander vorgestellt, und Marlene Dietrich fragte sie vorwurfsvoll: »Warum haben Sie mich nie eines Blickes gewürdigt?« – »Weil Sie die Dietrich sind«, erwiderte Joe. 1938 trafen sie sich erneut und kauften zusammen ein Boot mit dem Namen *Arkel*.

Im Sommer 1939 fuhr Joe mit dem Segelschoner von Whale Cay nach Cap d'Antibes, um die Dietrich zu besuchen. Die Tochter Marlene Dietrichs, Maria Riva, berichtet in ihrem Buch *Meine Mutter Marlene* über dieses Treffen. Die Dietrich machte in Südfrankreich Ferien mit ihrem Geliebten, dem Schriftsteller Erich Maria Remarque, ihrer Tochter, ihrem Mann und dessen Geliebter.

Eines Tages waren alle auf Hochspannung. Sie hockten auf den Felsen wie hungrige Möwen, die die Meeresoberfläche absuchten. Ein seltsames Schiff, das Kurs auf unsere private Bucht nahm, war gesichtet worden. Es war ein prächtiger

Dreimastschoner, dessen schwarzer Rumpf über das kristallklare Wasser glitt und dessen Deckaufbauten aus Teakholz in der Sonne glänzten. Am Steuer stand ein schöner junger Mann mit braungebranntem schlankem Körper, und sogar aus der Entfernung ahnte man die Kraft seiner muskulösen Brust und Schenkel. Er winkte seinen bewundernden Zuschauern, lächelte lässig mit entblößten weißen Zähnen und gab Befehl, zwischen den weißen Jachten Anker zu werfen. Hätte er eine Piratenflagge gehißt, wäre niemand überrascht gewesen. Bei seinem Anblick war der erste Gedanke »Pirat« gewesen, gefolgt von »Raub« und »Plünderung«.

Meine Mutter berührte Remarques Arm. »Ist er nicht wirklich wunderschön, Boni? Er muß unbedingt zum Mittagessen zu uns kommen. Weißt du, wer er ist?«

(Als Joe bei einem New Yorker Optiker auf Greta Garbo traf, auch sie ein Filmidol mit mehrdeutigem Sex-Appeal, wurde sie für einen Mann gehalten. »Hallo, Miss Garbo«, grüßte Joe, und die Garbo erwiderte mit »Hallo, Sir«.)

Während Joe von der Dietrich-Familie den Spitznamen »Pirat« erhielt, war Joe, wie Maria Riva festhielt, »der einzige Mensch, der die Dietrich je ›Babe‹ genannt hat«. Ihre anderen Spitznamen für die Dietrich waren »Mother« und »Doctor« (weil ihre Initialen M.D. mit dem englischen Arzttitel identisch sind). Den ganzen Sommer über half Maria ihrer Mutter beim Ankleiden für das tägliche Rendezvous auf der *Sonia II*. Diese Treffen fanden hinter dem Rücken von Remarque statt – Joe und Marlene genossen heimlich ihre wilde Affäre.

Joe war dunkel, kräftig und kompakt gebaut, die

Dietrich war blond und graziös; einen Gegensatz bildeten auch das zurückgezogene Leben von Joe und der internationale Ruhm der Dietrich. Joe war der geheimnisvolle Fremde, Marlene der geheimnisvolle Star, Joe der androgyne Knabe, Marlene die schillernde Nymphe. Beide waren gebannt und voneinander fasziniert.

Joe gehörte zu den wenigen, die es schafften, Marlene Dietrich zu schockieren. Eines Abends an der Riviera waren sie zusammen mit dem amerikanischen Sopran Grace Moore zu einem festlichen Diner eingeladen. Als Joe sich bei ihren Begleiterinnen im Hotel zum Cocktail einfand, stellten sie mit Entsetzen fest, daß sie in schwarzer Herrenkluft erschienen war, und beschworen sie, ein Kleid anzuziehen. Wenig später kam sie zurück, diesmal im eleganten Abendkleid, und die beiden Frauen waren nun erst recht konsterniert, als sie sahen, daß ihre nackten Arme mit Tätowierungen bedeckt waren. Hastig baten sie Joe, wieder in den Frack zu schlüpfen. Selbst auf diesem mondänen Parkett war Joe ein Exot.

Sechs Jahre später tauchte Joe Carstairs als Gestalt in Remarques Roman *Arc de Triomphe* auf, gezeichnet wie bei ihrer Einfahrt in die Bucht – strotzend vor Jugend und als Mann. Marlene Dietrich schrieb ihrem Mann: »Wie findest du Remarques neues Buch? … Er stellt mich schlimmer dar, als ich bin, um alles interessanter zu machen, und das gelingt ihm auch. Aber wirklich auch alles: von Fouquet, Scheherazade und Antibes bis zu Chateau Madrid, Cherbourg und Hotel Lancaster, selbst ›Jo‹ auf dem Boot. Natürlich konnte er keine Frau aus ihr machen.«

Joe war der Dietrich so sehr verfallen, daß sie ihr Whale Cay einschließlich der Bewohner zum Geschenk machen wollte. Die Dietrich lehnte ab und begnügte sich mit einem Strandabschnitt. (Die Übereignungsurkunde fand sich nach dem Tod der Dietrich in ihrem Nachlaß.)

Auch nachdem die Dietrich am Ende des Sommers 1939 nach Amerika zurückgekehrt war und Joe auf ihre Insel, besuchten sie sich weiter. Marlene Dietrich kam nach Whale Cay, Joe fuhr nach Hollywood, aber die Freundschaft bekam Risse. Nach den Ferien in Frankreich hatte die Dietrich beschlossen, eine Betreuerin für ihre dreizehnjährige Tochter einzustellen. Joe empfahl ihr eine alte Bekannte, die in Frankreich als Sekretärin für sie gearbeitet hatte. Diese Frau vergriff sich sexuell an ihrer Schutzbefohlenen. Maria Riva erinnerte sich an eine Frau von abstoßender Männlichkeit, die in krassem Gegensatz zu Joe und ihrem jungenhaften Charme stand:

Obgleich sie ihre maßgeschneiderten Männerjacken zu einem Rock trug und sich die Nägel ihrer wurstigen Finger grellrot lackierte, blieb der allgemeine Eindruck doch der eines häßlichen Mannes. Hängende Augenlider, ausladende Leibesfülle über säulenartigen Beinen und sehr kleine Füße verliehen ihr eine erschreckende Ähnlichkeit mit einem Nashorn. Ich wartete nur darauf, daß ihre Ohren wackelten und ein Kuhreiher ihr Ungeziefer aus der Panzerhaut pickte.

Die Dietrich merkte damals nichts von den Belästigungen, aber entließ die Frau schließlich unter dem Verdacht der Scheckfälschung. Sie war wütend auf Joe, weil sie ihr eine solche Empfehlung gegeben hatte, und warf ihr zudem vor, ein Juwelenarmband gestohlen zu haben, ein Geschenk von Remarque. Joe behauptete, daß die Dietrich ihr das Armband geschenkt hatte. Man ist geneigt, Joe zu glauben, und sei es nur deshalb, weil ihre Diebstähle gewöhnlich eine scherzhafte Note besaßen und sie normalerweise mit ihnen prahlte. Auf Whale Cay wurde sie ihrem Spitznamen »Klep« gerecht, indem sie einen Diener des Herzogs von Windsor dazu überredete, die herzöglichen Zigarren (für sich selbst) und das Parfüm der Herzogin (für ihre Freundinnen) aus der Residenz zu stehlen.

Später sprach Joe über die Dietrich nur noch abfällig. Sie sei »eine böse alte Frau«, »eine falsche Ziege«, »kein guter Mensch«. »Sie war sehr dumm, ohne Verstand, nichts hier oben. Und ich glaube, auch als Schauspielerin taugte sie nichts.« Die Dietrich sei in jungen Jahren sehr schüchtern gewesen, meinte Joe, und mit wachsendem Alter »immer pompöser und ekelhafter« geworden. Aber seltsamerweise bezeichnete sie die Dietrich trotzdem als »die einzige Person, die mich kriegen könnte«. Auf Whale Cay war Joe die Schauspielerin, das Idol, der Pirat; sie war der Nabel der Welt. Marlene durchkreuzte diese Phantasie für kurze Zeit. Sie war der Star mit der größeren Spannweite, ein Mythos von überlegener Kraft. Joe war neidisch.

Bald nach ihrer Affäre mit der Dietrich trat Joe Carstairs aus der Isolation heraus. Sie verkündete die Absicht, den ganzen Archipel zu revolutionieren, sie suchte die Freundschaft der Windsors, schrieb Gedichte, liebäugelte mit der Idee, Filmstar zu werden, und wollte sich als Kriegsheld hervortun. 1942 bekam sie die Chance, den kühnen und edelmütigen Korsaren zu spielen.

Im August jenes Jahres wurde das amerikanische Schiff *Potlatch* in der Nähe der Bird Rock Passage torpediert. Joe Carstairs wurde gebeten, am etwa 550 Kilometer entfernten Schauplatz nach Überlebenden zu suchen. Joe begab sich mit der *Vergemere IV* auf ihre Rettungsmission und durchfuhr die von deutschen U-Booten verseuchten Gewässer ohne Positionslichter und ohne Funk. Im Golfstrom trieben tote Soldaten vorbei, verstümmelt von den Haien. In der Nähe der Bird Rock Passage schaltete sie die Scheinwerfer ein und suchte das Wasser ab. Schließlich entdeckte sie siebenundvierzig amerikanische Matrosen, die sich an Deck eines kleinen Schoners drängten. Dieses Küstenboot, das zu überladen war, um noch seetüchtig zu sein, hatte die Matrosen auf einer unbewohnten Insel aufgelesen. Dreißig Tage und Nächte lang hatten sie von Haien, niedrigfliegenden Vögeln und Kaktusfeigen gelebt. Viele Männer hatten die Stacheln dieser Früchte in der Zunge. Alle waren von der Sonne verbrannt.

Kaum waren sie an Bord der *Vergemere*, stürmten sie die Luken, verschlangen alles Eßbare, was sie fanden, und tranken fast den ganzen Wasservorrat aus. Viele waren krank und litten am Koller, einer war verrückt geworden, Joe mußte ihn von ihrer Mannschaft fesseln lassen. Es folgte eine schreckliche Nacht. Die Männer, etliche am Rande des Todes, lagen an Deck und wälzten sich in ihrem Durchfall. Am Morgen fragten ein paar Matrosen, ob sie sich rasieren dürften. »Nein«, sagte Joe, »ihr habt genug Wasser getrunken, ihr werdet euch nicht rasieren.« – »Sollen wir etwa so in Nassau ankommen?« fragte einer. »Zur Hölle damit!« erwiderte sie. »Laßt euch die verdammten Bärte doch wachsen.«

Trotz widriger See und sengender Sonne schafften sie es, ohne Verluste nach Nassau zu kommen. Dort wurden sie von den Daughters of Empire empfangen, einer Abordnung von Damen der besseren bahamischen Gesellschaft, angeführt von der Herzogin von Windsor. »Da standen sie nun«, erzählte Joe, »die armen kleinen Dinger, ganz in Weiß und unverdorben. Nichts war richtig organisiert. Sie hatten nicht genug Bahren, sie hatten nicht genug Krankenwagen. Ich war außer mir.« Joe zufolge merkten die geretteten Matrosen erst an Land, daß ihr Kapitän kein junger Mann, sondern eine zweiundvierzigjährige Frau gewesen war. Ein Jahr später gaben die Männer von der *Potlatch* Joe zu Ehren eine Party in New York.

1943 gründete Joe die Nordkaribische Transportgesellschaft, um Bananen, Zucker und Rum von Haiti und Kuba nach Miami zu befördern. Ihre Flotte bestand aus dem Schoner *Sonia II*, den die britische und die amerikanische Navy verschmäht hatten, sowie aus der *Vergemere II* und der *Vergemere IV*, die auf der Insel gebaut worden war. Die meisten Frachtschiffe, die diese Route gewöhnlich bedienten, waren von der Navy requiriert worden, und so konnte sich Joe mit ihrer kleinen Flotte nützlich machen. »Das ist auch eine Art Kriegsdienst«, sagte sie. Die *Sonia* konnte 10 000 Büschel Bananen aufnehmen, und die vielen Zuckerladungen, die Joe nach Nassau transportierte, halfen, eine bedenkliche Zuckerknappheit auf den Bahamas abzuwenden.

Für die heroische Rettung der *Potlatch*-Matrosen und ihre anderen Versuche, kriegswichtige Hilfe zu leisten, wurde Joe schlecht belohnt. Auf den Inseln redete man über sie, als wäre sie wirklich ein ehrloser Pirat. Während des Krieges kursierten Gerüchte, sie habe eine Hakenkreuzfahne auf Whale Cay gehißt und deutsche U-Boote von ihrer Insel aus mit Proviant versorgt. Die Gerüchte entbehrten jeder Grundlage. Vielleicht wurden sie durch ihre flüchtige Verbindung mit Axel Wenner-Gren verursacht, dem sie während des Krieges Gemüse für die Konservenproduktion verkaufte. Wenner-Gren, der reichste Mann Schwedens, mit den Windsors befreundet, stand wegen seiner aktiven Beziehungen zu den Achsenmächten auf der schwarzen Liste der Alliierten. In den dreißiger Jahren hatte er sich ein Refugium auf den Bahamas geschaffen. Er gründete Firmen auf den Inseln, besaß eine ganze Reihe von Cays, etliche Schnellboote und eine riesige Privatjacht (die größte der Welt, und bemannt war sie ausschließlich mit ausgemusterten nazistischen Offizieren der schwedischen Flotte). Joe Carstairs und Axel Wenner-Gren hatten vieles miteinander gemeinsam, doch seine Sympathien für die Nazis teilte Joe nicht.

1946 verkaufte Joe die drei Kilometer von Whale

Cay entfernte Insel Bird Cay an ihren Halbbruder Francis Francis und erzielte dabei einen gewaltigen Profit. Sie bekam etwa 150000 Dollar für das Eiland, für das sie vor dem Krieg ganze 8000 Dollar bezahlt hatte. »Armer Frank«, bedauerte sie ihn schadenfroh. Als der Handel abgeschlossen war, war sie bester Dinge. Ein Inselbewohner, der gerade Vater eines Sohnes geworden war, trat an sie heran und fragte, ob er ein Boot ausleihen dürfe. »Goddammit«, sagte Joe. »Du hast meinen guten Tag erwischt, ich habe gerade Bird Cay an meinen Bruder verkauft. Geh zu Hutch Lowe und sag ihm, er soll dir alles geben, was du brauchst.« Sie überreichte ihm eine Fünfpfundnote.

Ihr Halbbruder Frank hatte Großbritannien auf der Olympiade von 1928 in drei Disziplinen vertreten wollen, war aber wegen Scharlachs ausgefallen. Danach machte er sich einen Namen als waghalsiger Flieger und als hochdekorierter Amateurgolfer. (Joe verachtete das Golfspiel, bei dem ihre beiden Halbgeschwister es zu Ruhm brachten, als Alte-Leute-Hobby.) Im Zweiten Weltkrieg war Frank im Flugzeugbau für die Royal Air Force tätig und flog die Maschinen zu den verschiedenen Luftstützpunkten. Später war er einer der Miterfinder des Schleudersitzes. Frank Francis teilte Joes Vorliebe für Schauspielerinnen. 1929 mußte er die Royal Horse Guards verlassen, weil er die amerikanische Schauspielerin Sunny Jarman geheiratet hatte; 1947 wurden sie geschieden, worauf er eine andere Schauspielerin ehelichte – Patricia Leonard.

Ein Jahr nach dem Verkauf von Bird Cay an Frank hörte Joe mit Entrüstung, daß er seinen Arbeitern die

Produkte, die sie selbst angebaut hatten, für Geld verkaufte, und verwandelte sich in einen Robin Hood der Bahamas. In der Nacht startete sie einen Überfall auf die Nachbarinsel und schickte einen Trupp mit frisch geschärften Macheten los, der sämtliche Felder verwüstete. Daß sie damit die Lebensgrundlage der Leute zerstörte, für deren gerechte Behandlung sie eintrat, spielte im Krieg gegen ihren Bruder nur eine untergeordnete Rolle. Als Polizisten sie zu dem Vorfall vernehmen wollten, verweigerte sie ihnen den Zutritt zu ihrer Insel. Bei einem anderen Überfall in den frühen fünfziger Jahren versenkte sie alle Boote ihres Bruders und machte ihn so zum Gefangenen seines Eilands. Später blockierte sie mit ihren Freunden seine Sämaschine, indem sie das Saatgut mit Sand vermischte.

Diese Piratenakte erinnern in manchem an die Seeräubergeschichten der Kinderbücher von Arthur Ransome: In *Der Kampf um die Insel* hißt Nancy Blackett die Piratenflagge über ihrem Ruderboot *Amazone* und stürzt sich in aufregende Abenteuer. Aber Joes Streichen haftete etwas Gehässiges an. Den familientypischen Grausamkeiten war auch zuzurechnen, daß Joe etwa heimlich ein Golfturnier besuchte, an dem ihre Halbschwester teilnahm, sich nahe der Abschlagstelle im Gebüsch versteckte und mit einem lauten Buuh! hervorgestürzt kam, als die Schwester gerade zum entscheidenden Schlag ansetzte. Kam Frank auf Besuch nach Whale Cay herüber, spielte sie die große Schwester und schickte ihn mit seiner Frau aufs Zimmer, wenn eine ihrer Freundinnen einen Striptease vorführen wollte. Frank nannte sie daher gern Josef (weil ihn ihr Auftreten an Stalin erinnerte) oder Comtesse (zur Erinnerung an ihre Ehe mit dem Grafen de Pret) oder Betty (weil sie diesen Namen am meisten haßte). Einmal geriet Joe mit dem Fischerboot *Little Doctor* in einen Sturm und krachte gegen die Uferfelsen von Bird Cay. Sie mußte ihren Bruder um Hilfe bitten. Um sich keine Blöße zu geben, sagte sie nur: »Mit dem Boot bin ich prima zurechtgekommen.«

Frank hatte sich vor dem Krieg als Pilot ausgezeichnet, und das dürfte Joes Ehrgeiz angestachelt haben, sich ebenfalls in der Luft zu bewähren. 1944 absolvierte sie ihren ersten Einzelflug, im Jahr darauf erwarb sie den Pilotenschein. (Für den Antrag benötigte sie ihre Geburtsurkunde, und bei dieser Gelegenheit stieß sie erstmals auf den richtigen Vornamen ihrer Mutter.)

Joe kaufte sich für 20000 Dollar eine Widgeon, ein zweimotoriges Flugzeug, das auch auf dem Wasser landen konnte. »Vom Wasser verstehe ich mehr als vom Land«, sagte Joe. »Das Land reizt mich wenig.« Joe flog in der Inselwelt der Bahamas umher und auch bis nach New York. Bei einem dieser Flüge hatte sie ein Erlebnis, das sie an ihren Abstieg in die Unterwelt von Arras oder an ihren Sturz bei der Regatta in Detroit erinnert haben mochte. Bei einer Notlandung am Cape Hatteras glaubte sie, durch den Himmel gefallen und im Jenseits angelangt zu sein.

Mit ihrem Kopiloten, einem Mann namens Furey, war sie über North Carolina in einen schrecklichen Sturm geraten. Der Wind hatte Orkanstärke, und sie mußten in der gefährlichen Höhe von viertausend

Metern fliegen. Die Atemluft wurde knapp, Furey war herzkrank, und beide glaubten, ihr letztes Stündchen hätte geschlagen. Plötzlich öffnete sich unter ihnen ein Wolkenloch. Tief unten sahen sie das Rollfeld eines ungenutzten Flugplatzes in der Sonne liegen. Sie tauchten ab, landeten und stiegen aus. Segelplanen knatterten im Wind, in den verlassenen Hangars nisteten Vögel. Als die beiden über die Piste gingen, begegneten sie einem Hund, der angstvoll mit gesträubtem Nackenfell zurückwich. »Furey, ich glaube, wir sind tot«, sagte Joe. Sie kniffen sich gegenseitig, um festzustellen, ob sie noch lebten. Als Joe diese Geschichte erzählte, betonte sie, daß sie und Furey gleich groß waren, daß ihnen unter Umständen dieselben Sachen gepaßt hätten, daß sie in ihren ledernen Fliegerjacken fast identisch aussahen. Diese Nebensächlichkeit gibt zu denken. Joe muß wohl geglaubt haben, daß sich im Tod ihr männlicher Zwilling zu ihr gesellen würde.

Unsicher, ob sie noch lebten oder schon tot waren, liefen sie durch die menschenleere Gegend, bis sie zu einem kleinen Laden kamen. Die Leute in dem Laden starrten sie entsetzt an. »Jetzt weiß ich, daß wir tot sind«, sagte Joe zu Furey. »Sie haben Gespenster gesehen.« Der Ladenbesitzer verkaufte ihnen Coca-Cola und Kekse und erklärte ihnen, daß sie auf einem ehemaligen Militärflughafen gelandet waren. Joe meinte später, daß dieser Vorfall etwas von einem Wunder an sich hatte.

Bald faßte sie ehrgeizige Pläne für ihr neues Hobby. 1945 bewarb sie sich um die amerikanische Staatsbürgerschaft und konfrontierte die Stadtverwaltung von

Miami mit dem Projekt, auf Lummus Island einen Flugplatz für kleinere Flugzeuge zu errichten und damit den großen Flughafen zu entlasten. Doch wegen der zu erwartenden Lärmbelästigung und möglicher Sachbeschädigung an fremdem Eigentum stieß der Plan eines Carstairs-Flughafens bei den Stadtoberen auf wenig Gegenliebe. Joe führte einen langen Kampf um Planungsgenehmigungen. »Sie dachten, ich wäre ein Abenteurer, ein Hochstapler, ein verdammter Ausländer«, sagte sie. Eine Freundin fragte, ob sie sich als Frau in Männerkleidern als Opfer von Vorurteilen fühle. »Nein, ich glaube nicht«, erwiderte Joe. »Daß jemand deshalb Vorurteile haben könnte, ist mir nie eingefallen. Kein einziges Mal.« Joe startete eine großangelegte Werbekampagne für den Flugplatzbau, die sich auf Begriffe wie »Fortschritt, Sicherheit, Komfort, Bürgerfreundlichkeit« stützte. 1948 mußte sie sich erbittert die Niederlage eingestehen. »Es sah schließlich so aus, daß nicht genug Geld da war, um diese Idioten zu schmieren. Da habe ich dankend abgelehnt.«

Zehn Jahre später focht sie eine neue Fehde mit den Behörden in Miami aus. Am Strand von Whale Cay war die Jacht *Sealark* eines Geschäftsmanns aus New Orleans auf Grund gelaufen. Joe stellte sich dem Besitzer als britischer Statthalter vor und verlangte die Herausgabe der Schiffspapiere. Als der Mann sich weigerte, zog sie ihre eigene Flagge auf und wies ihre Leute an, die Jacht zu plündern. Eine Familie schleppte einen Fernsehapparat nach Hause. Vom Bundesgericht Miami wurde Joe darauf zu einer Geldstrafe von fünftausend Dollar verurteilt.

Wäre sie als Junge geboren worden, sagte Joe, wäre sie Admiral geworden. Da ihr das versagt blieb, wandte sie sich der Piraterie zu. Wäre sie nur ein paar Jahre früher auf die Bahamas gekommen, während der Prohibition, hätte sie sich als Rumschmugglerin betätigt, versicherte sie. »Aber ganz bestimmt! Junge, das wäre ein Spaß geworden! Auf die Gesetze pfeife ich!« Daß die Zöllner immer wieder auf die Idee kamen, in Wadley könnten irgendwelche Schmuggelgüter versteckt sein, reizte ihre Phantasie. (Die *Jack Stripes*, das Schiff, das sie 1928 hatte bauen lassen, um den Atlantik zu überqueren, löste an ihrer Stelle diese Phantasien in der Wirklichkeit ein. In den fünfziger Jahren galt es, dann *Voodoo* genannt, als der schnellste Blockadebrecher des Mittelmeers und schmuggelte Whisky von Tanger nach Marseille.)

Die See stand bei Joe für vollkommene Freiheit. Ihre Gesetze stellte sie über die Rechte eines jeden Landes, ihr Temperament war ihr näher als das eines jeden Menschen. »Ich glaube nicht, daß jemand mehr über die See weiß als ich«, verkündete sie. »Ich verstehe die See. Mal ist sie wütend, mal bin ich wütend.«

Seereisen retteten sie vor der Mutter, als sie elf Jahre alt war, und vor ihrem Land, als sie vierunddreißig war. Gern erzählte sie, daß sie mit einer Glückshaube geboren wurde – mit der Fruchtblase um den Kopf, der Umhüllung ihres eigenen kleinen Meeres. Dem Aberglauben nach besitzen Kinder mit einer Glückshaube das zweite Gesicht und sind gegen das Ertrinken gefeit. Daß Joe so viele tödliche Gefahren – bei den Bootsrennen und bei Stürmen – überlebt hatte, war folglich darauf zurückzuführen, daß sie unter dem Schutz der See stand. Für Joe war der Ozean ein Ort des Fließens und der Verwandlung. Mehrfach empfing sie die Taufe des Meeres, und so, wie Peter Pan ein Geschöpf der Lüfte war, empfand sie sich als ein Geschöpf des Wassers.

18

Als wäre mir eine Frau gestorben

Auf Whale Cay hatte Joe eine Heimat gefunden, die selbst einem Ozeandampfer vorzuziehen war, ein privates Universum, umgeben von der schützenden Weite des Meeres. Um diese Weite zu betonen, erklärte sie ihren Besuchern gern (und zutreffend), daß die Insel nicht in der karibischen See, sondern am Rand des Atlantischen Ozeans liege.

Wenn Hurrikane die Insel überzogen, sprang der Ozean aus seinem Bett und verwüstete das Land. Dann war Joe buchstäblich in ihrem Element. Unter den Gedichten von 1941 findet sich eine Ode an den Hurrikan: »Donnernd, / krachend, / stampfend, / flutend, / hochauf / dahinrasender / Wind / der Zerstörung. / Schneller! / Schneller! / Reiß / die Welt / in Stücke!« Im Sommer 1949 tobte der Orkan zwölf Stunden lang, das Auge des Hurrikans zog direkt über die Insel hinweg, der Wind erreichte Geschwindigkeiten von 275 Stundenkilometern. Die Bretter, mit denen die Fenster des Herrenhauses vernagelt waren, schlugen und krachten im Wind. Die Fische fielen vom Himmel und starben in den Straßen. Das Gewächshaus und drei weitere Häuser wurden völlig zerstört. Joe erinnerte sich an den »ungewöhnlichen, sehr seltsamen Geruch nach Nässe und toten Fischen, aber für mich war es eine spannende Sache … Ich fand es wunderbar.« Nach dem Sturm waren die Strände mit Fischen übersät. Mit jeder Flut wurden weitere Fische angespült und wieder fortgeschwemmt, die Seemöwen kamen in Scharen und pickten ihnen die Augen aus.

Einer dieser Hurrikane in den späten vierziger Jahren vertrieb Joes Freundin Charlotte von der Insel. Charlotte war eine klassische Schönheit – blond, temperamentvoll, elegant, bezaubernd und – wie sie selbst von sich sagte – verhätschelt. Begegnet waren sie sich 1941, als Joe, in einen Nerzmantel gewickelt, mit leuchtendroten Fingernägeln und coiffiertem Haar in eine New Yorker Buchhandlung eintrat, wo Charlotte beschäftigt war. Am 1. Februar, Joes einundvierzigstem und Charlottes einunddreißigstem Geburtstag, holte Joe sie zu einer Autofahrt durch den Central Park ab, traktierte sie mit Aquavit, schenkte ihr ein Armband von Cartier und lud sie nach Whale Cay ein. Charlotte nahm die Einladung an.

In den frühen vierziger Jahren war auf der Insel immer etwas los. Es wurde gebaut, geackert, gepflügt und gefeiert, Bootsladungen von Gästen kamen vom Festland herüber. Charlotte genoß das bunte Treiben auf Whale Cay und half dabei, das Herrenhaus in Schuß zu halten. Sie fand Joe großartig. Doch mit der Zeit wurde es ihr auf der Insel zu öde und zu einsam, und so benutzte sie den Hurrikan als rettenden Vorwand. Charlotte gestand auch ein, daß sie Joe zwar bewunderte, ihr aber doch der »Preis zu hoch« war.

Charlotte spürte an Joe eine gewisse Traurigkeit. Ihr fehle etwas, stellte sie fest, und dieses Etwas sei irgendwie mit Wadley verbunden. »Im Herzen war sie ein Kind«, schrieb Charlotte und fügte ein wenig rätselhaft hinzu: »Mit ihrem Charme konnte sie die Vögel von den Bäumen locken. Aber es waren nicht die Vögel, die sie wollte.«

Joes Freundinnen mußten jung sein und gut aussehen, abgesehen davon hatte sie keine erkennbaren Vorlieben bei der Wahl ihrer Gefährtinnen. Ab 1950 lebte Jackki bei ihr, eine gesellige, aber herrische New Yorkerin Mitte Zwanzig mit rotem Haar. »Sie ist zum Anbeten verrückt«, sagte Joe. Als sie sich kennenlernten, war Jackki Kosmetikerin in einem Schönheitssalon in Miami. Dort ließ Joe sich die Haarspitzen sengen und die Nägel maniküren. Als Jackki eines Abends nach Hause fahren wollte, war ihr Auto verschwunden, und dort, wo es gestanden hatte, stand nun ein brandneuer Chevrolet – ein Geschenk von Joe. Das war die Eröffnungspartie einer zu allem entschlossenen Brautwerbung, und es dauerte nicht lange, bis Jackki nach Whale Cay zog.

Jackki war ein Organisationstalent. Viele Inselbewohner erinnerten sich an ihre energische, umsichtige Art. Sie kümmerte sich hingebungsvoll um die Kinder der Insel, auch die Einrichtung der Ferienlager war weitgehend ihr Werk. Mit Joe teilte Jackki die Lust an tollkühnen Streichen und Abenteuern. Als Jackki hörte, daß eine Freundin in Miami den Chef der örtlichen Feuerwehr zum Essen eingeladen hatte, dachten sie sich etwas Besonderes aus. Sie fuhren in die Nähe des Hauses, riefen bei der Feuerwehr an und meldeten, daß das Haus in Brand geraten sei. Dann versteckten sie sich hinter Büschen und genossen das Spektakel, als die Feuerwehrwagen anrückten. In den frühen fünfziger Jahren fuhren sie beide auf Safari nach Kenia, zusammen mit dem Komponisten Bart Howard und seinem Freund Bud. Es war inzwischen zwanzig Jahre her, daß sie mit einer anderen Kosmetikerin, Mabs Jenkins, in Indien auf Großwildjagd gegangen war. Doch der Jagdausflug nach Afrika endete in einer Katastrophe, weil Bud einen Löwen geschossen hatte, nicht aber Joe. Joe kehrte wütend nach Whale Cay zurück.

Nach Jackki kam Jorie, auch unter dem Namen Chop bekannt, eine schüchterne Schwarze, die vierundzwanzig Jahre jünger als Joe war. Joe bezeichnete Jorie als »einen der nettesten Menschen, die ich je getroffen habe« – und außerdem »unglaublich aufregend«. Sie lernten sich auf einer New Yorker Pokerparty kennen, und 1957 gab Jorie, die nie zuvor mit einer Frau gelebt hatte, ihre Anstellung bei der Bank auf, um Joe nach Whale Cay zu folgen. Zu der Zeit war die Einwohnerzahl der Insel schon auf hundert geschrumpft. Jorie war ein jungenhafter Draufgänger und immer dabei, wenn Joe etwas Neues anfing. Sie half eifrig bei der täglichen Arbeit und fuhr mit Begeisterung aufs Meer hinaus. Auf Whale Cay verwandelte sich Jorie »von einem Wesen, das achtzehn Stunden am Tag schlief, in etwas sehr Lebendiges … Sie erwachte zum Leben«, erzählte Joe und wies auch darauf hin, daß Jorie ebenfalls vierunddreißig war, als sie auf die Insel kam – genauso wie Joe selbst. Jorie bescherte ihr eine ersatzweise Wiedergeburt.

Eines Tages am Ende der fünfziger Jahre spürte Joe

einen jähen Schmerz in den Beinen, der mit einem Schlag die Illusion ihrer ewigen Gesundheit durchkreuzte. Ihr Schmerzensschrei hallte durch das Herrenhaus – es war unweigerlich der Schrei eines Sterblichen und zudem ein sehr weiblicher Schrei. Die Diener rührten einen Trank an (aus Joes Urin und zerstoßenen Blättern), um ihre Schmerzen zu lindern. Obwohl sie es ein Leben lang geschafft hatte, diese Tatsache zu ignorieren, war auch sie aus Fleisch und Blut gemacht.

In den nachfolgenden dreißig Jahren wurden die Vorboten des Todes ihr ständiger Begleiter. Ihr Haar wurde weiß, und ihr Körper begann zu verfallen. Sie bemühte sich, ihre Gebrechen mannhaft zu überspielen, und behauptete, die Zähne würden ihr ausfallen, weil die Verpflegung in Irland während des Ersten Weltkriegs so schlecht gewesen sei. Als sich die Schmerzen in den Beinen verschlimmerten, schob sie das Leiden auf einen Motorbootunfall, bei dem sie sich die Hüfte verletzt habe. (In Wirklichkeit waren es Rippenbrüche gewesen, und der Arzt führte ihre Beschwerden auf die Arthritis zurück – was Joe natürlich wütend machte.) Als sie schließlich bereit war, sich einer Hüftoperation zu unterziehen, legte sie gesteigerten Wert auf die Feststellung, daß der Chirurg »jede Menge Fußballer« operiert hatte.

So wie sie sich gegen das Altern wehrte, redete sie sich ein, genau wie Wadley gegen alle sozialen und historischen Änderungen immun zu sein. Vor allem dank ihrem Geld konnte sie sich diese Illusion leisten. Als ein Freund in den siebziger Jahren seufzend feststellte, daß sich die Zeiten geändert hätten, gab sie zurück: »Das kannst du annehmen! Aber meine Zeiten nicht!«

Doch im großen und ganzen richteten sich auch ihre Lebensentscheidungen nach den Strömungen und Stimmungen der Zeit. In den überdrehten zwanziger Jahren tobte auch sie sich aus, in den prüden Dreißigern floh sie ins Exil, während des Zweiten Weltkriegs (als Frauen mit männlichen Qualitäten vorübergehend wieder geduldet wurden) trat auch sie mit tatkräftigem Einsatz hervor, in den Nachkriegsjahren zog sie sich wieder zurück, und als sie in den sechziger Jahren den Anschluß an eine größer gewordene Welt suchte, dann wiederum auch deshalb, weil sich die Zeiten geändert hatten und Joes Spielart des Kolonialismus der Vergangenheit angehörte.

Die schwarze Bevölkerung der Bahamas wurde zunehmend selbstbewußt und unabhängig; die verbliebenen Bewohner von Whale Cay verloren allmählich den Respekt vor dem »Boß«. Reverend Prince Hepburn berichtete aus den sechziger Jahren, daß Joe ihn dreimal aus Nassau herüberrufen mußte, weil sich Frauen betrunken hatten und vor dem Herrenhaus herumkrakeelten. »Statt rauszukommen und mit Ihren Leuten zu reden, vergnügen Sie sich lieber da drinnen mit Frauen wie Sie selbst!« brüllte Miss Martha, einst Joes beste Wäscherin. Jedesmal, sagte Hepburn, mußte er die Unruhestifter von der Insel entfernen. Es war ein trauriges Anzeichen ihres Autoritätsverfalls, daß sie nicht mehr selber mit den Turbulenzen auf Whale Cay zurechtkam. Sie konnte ihre Leute nicht mehr disziplinieren.

Als sie einmal über die Insel ging, war sie entsetzt, ein Pärchen beim Liebesakt zu ertappen, direkt neben der Hauptstraße unter einer Kokospalme.

Joe war immer seltener auf Whale Cay. Lieber fuhr sie auf der *St. Pete* nach Miami, einem Versorgungsschiff der Marine, das sie in ein Hausboot umgewandelt hatte. Dieses schwimmende Zuhause, das in einem stillen Nebenarm des Miami River vertäut lag, wurde zu ihrer privaten Miniaturinsel. Geschützt vor dem Geschwätz der Nachbarn lebte sie dort eine Weile lang mit Jorie zusammen. Sie besuchten Nachtbars und Partys und kamen oft erst in den Morgenstunden zurück. In den sechziger Jahren stand sie Ängste aus, weil sie Wadley eines Abends auf dem Schiff alleingelassen hatte und bei ihrer Rückkehr feststellte, daß Einbrecher dagewesen waren. »Ich hätte ihn niemals alleinlassen dürfen«, sagte sie. »Er hatte eine Menge Fingerabdrücke im Gesicht, aber sie haben ihm nichts getan. Wadley schreckt ulkigerweise die Leute ab.« Ihre Autorität mochte geschwunden sein, doch die von Wadley war noch immer so stark wie am ersten Tag.

Natürlich gestand sich Joe keinerlei Niederlagen auf Whale Cay ein. Daß sie die Insel schließlich verließ, begründete sie mit der Zunahme des Drogenhandels auf den Bahamas; die Inselgruppe war ein bequemer Zwischenstop auf der Schmuggelroute nach Miami. Joe meinte, sie habe sich entschieden zu gehen, bevor sie in die Lage geriet, auf jemanden schießen zu müssen. Und außerdem gehe die *St. Pete*, auf der sie die Strecke befahre, allmählich in die Brüche.

1975 verkaufte sie Whale Cay für eine Summe von

knapp einer Million Dollar, und zum zweiten Mal in ihrem Leben weinte sie. »Ich fühlte mich, als wäre mir eine Frau gestorben.«

»Ich hätte rausgehen und mich erschießen können«, fügte sie hinzu. Sie war überzeugt, daß die Insel ohne ihre Gegenwart auf der Stelle verwildern würde. »Sie will wieder in den alten Zustand zurück«, sagte sie. Die *Estelle IV*, ihr Lieblingsmotorboot, versenkte sie am Grund eines Baches auf der Insel. »Ich hab sie dagelassen, damit sie dort sterben konnte.«

Der Abschiedsschmerz war so groß, daß sie den Anblick von Stränden und Palmen im Fernsehen nicht ertragen konnte. »Ich bin ein richtiger Feigling geworden«, sagte sie. »Ich halte das nicht aus. Ich kann dem, was ich zurückgelassen habe, nicht in die Augen sehen.« – »Whale Cay war wirklich ein Teil ihrer selbst«, bestätigte Jorie.

Um mit dem Verlust fertig zu werden, warf sie ihre Zuneigung auf die Dinge, die ihr geblieben waren. Das Haus, das sie in Miami bezog, »tat sein Bestes, um mir in jeder Hinsicht gefällig zu sein«, versicherte sie. Wenn sie nachts wach lag, sagte sie laut: »Ich liebe dich, Haus.« Joe nahm die gesamte Einrichtung des Herrenhauses auf Whale Cay mit und kaufte sich nichts Neues. Auch die Pinguinsammlung zog mit um. »Ich glaube, sie haben gar nicht richtig gemerkt, daß sich was geändert hat.« Freunde hielten es für eine typisch englische, wenn nicht gar viktorianische Marotte, sich mit so vielen Erinnerungsstücken zu umgeben. Auf einem Glastisch stellte sie die Fotos aller ihrer Freundinnen auf – etwa 120 an der Zahl. »Natürlich war da die eine oder andere, die ich nicht nur wegen dem Sex mochte«, bemerkte sie zu diesen Bildern.

Als eine Freundin darüber sprach, wie schön es sei, zu lieben und geliebt zu werden, sagte Joe: »Ich weiß gar nicht, wovon du redest. Ich liebe keine Menschen.« Zum Teil war das Koketterie. Manche ihrer Freundinnen beschrieben sie als äußerst liebevoll und romantisch. Und Menschen, die ihr etwas bedeutet hatten, blieb sie zeitlebens verbunden. Aber mit den Gefühlen der Liebe und des Schmerzes kam sie nicht zurecht. »Lächelt, ihr Lieben meiner vergessenen Nächte«, schrieb sie in einem ihrer Gedichte, »in meinem Gedächtnis / seid ihr nur noch eine Zahl. / Ihr habt noch immer nicht begriffen, / daß Liebe nur ein Anlaß ist / zu lachen / und das Gesicht / von der Zeit abzuwenden!«

Jorie, Charlotte und Jackki trennten sich irgendwann von Joe, um Beziehungen zu anderen Frauen einzugehen – so zumindest sahen sie es selbst. »Gewöhnlich hab' ich sie abgeschafft, weil ich sie satt hatte«, sagte Joe. »Das hab' ich auf verschiedene Arten gemacht, ziemlich hintenrum, damit sie nicht merkten, daß sie rausflogen.« Mit anderen Worten, sie war überzeugt, daß sie es war, die in ihren Freundinnen den Wunsch nach Trennung erzeugte, ohne daß sie es durchschauten. Joe deutete die Ereignisse so, daß sie immer die Akteurin blieb und sich nicht als Versagerin oder Verlassene fühlen mußte.

Von 1976 bis 1990 lebte Joe in Florida und verbrachte die Sommermonate in Sag Harbor und in Water Mill auf Long Island. In Water Mill lud sie die Nonnen des dortigen Klosters zum Tee ein. Ihre Häuser waren immer am Meer gelegen, und ihre Andenkensammlung wurde durch Spielzeugwale bereichert – zur Erinnerung an Whale Cay. In Sag Harbor nahm sie gern an den Ausflugsfahrten zur Beobachtung der Wale teil.

Ihre Erinnerungen und ihre Trauer versenkte sie lieber in Gegenstände, als sie in ihrem Kopf oder ihrem Herzen mit sich herumzutragen, und all die Stofftiere, Bootsbilder, Stühle und Tische hatten ihren festen Platz. Die größte Bedrohung für diese Ordnung stellten Frauen dar. »*Keine Frau* hat es je gewagt, mein Haus umzuräumen«, sagte sie. »Frauen wollen immer die Möbel rücken. Das haben sie so an sich, eine gräßliche Angewohnheit. Alle Frauen machen das.«

Das Herzstück ihres Lebensgepäcks aber war Wadley. Wadley wiederum hatte sein eigenes Miniaturgepäck – eine Brieftasche mit Scheckheft, ein Schloß aus Plastik, eine Zigarrenkiste, Manschettenknöpfe, Krawattennadeln, eine funktionierende Armbanduhr, Revolver, Golfschläger, eine Bibel, Gedichtbücher, einen Hund und seine eigenen Puppen. »Wadley sieht immer noch wie ein Junge aus«, stellte sie 1976 mit Entzücken fest. »Er ist jetzt einundfünfzig, das heißt, er wird es zu Weihnachten, und er hat immer noch diesen jungenhaften Blick.« Joe glaubte daran, daß Wadley einen günstigen Einfluß auf sie ausübte. Was gutes Benehmen anbetraf, war er ihr Vorbild: Er war enthaltsam, er nörgelte nicht, man sah ihn, aber hörte ihn nicht, er diente als moralisches Beispiel, er hatte seine niederen Instinkte im Griff. Joe gestand, daß sie nur in sein niedliches

Gesicht schauen mußte, und schon legten sich ihre Wutausbrüche. »Ich bin ganz sicher, daß ich ein anderer Mensch wäre, wenn es ihn nicht gäbe«, sagte sie. »Es ist unglaublich, was er alles für mich tut.«

Wenn sie Gegenstände mit ihren Gefühlen ausstattete, konnte sie offenbar auch das Umgekehrte tun und ihre Gefühle mit materiellen Gesten zum Ausdruck bringen. Manche sagten, daß dort, wo andere das Herz hatten, bei ihr das Scheckbuch saß – auf die Krankheiten anderer reagierte sie nicht mit Gefühlen, sondern mit Geldangeboten (und dachte oft im stillen, daß die Beschenkten es besser hätten, wenn sie tot wären). Zuneigung und Zuwendung drückte sie immer materiell aus, das Geld wurde in ihren Freundschaften zur beherrschenden Macht. Alle Freundinnen, mit denen sie gelebt hatte, blieben ihr verbunden – durch Zuneigung und durch die Fesseln des Geldes. »Keine hat sich mit mir verfeindet«, sagte sie. »Nicht eine einzige.« Wenn jemand ihr Geld zurückwies, fühlte sie sich vor den Kopf gestoßen. Bart Howard, der in den vierziger Jahren auf Whale Cay zu Gast war, berichtete, daß ihre Freundschaft einen Knacks bekam, als er darauf bestand, den Flug zu den Bahamas aus eigener Tasche zu bezahlen. »Sie hatte mich gewissermaßen verloren. Nie wieder war sie so nett zu mir wie vorher. Ihr war es wichtig, etwas für mich tun zu können.«

In den späten achtziger Jahren setzte sie ehemaligen Freundinnen wie Charlotte, Jackki und Jorie eine jährliche Rente aus, auch den Verwandten früherer Freundinnen, wie zum Beispiel Ruths Schwester, und ehemaligen Angestellten und deren Familien. »Das ist die einzige Art, sich anständig zu verhalten«, meinte sie. Man sagte ihr nach, sie hätte ein Herz aus Gold. Doch diese materiellen Bindungen bedeuteten zugleich, daß sich Joe nie sicher sein konnte, ob ihre Freundschaften auch dann lebensfähig waren, wenn sie sich einzig auf die Zuneigung gründeten. Ihr Herz mußte hart wie Gold sein, weil sie niemandem uneingeschränkt vertrauen konnte – außer Wadley. Ein Teil der Magie Wadleys lag darin, daß er von ihrem Reichtum völlig unberührt blieb.

»Wir sind ein Herz und eine Seele«, sagte Joe. »Er ist ich und ich bin er. Ist das nicht toll? Wenn jeder einen Wadley hätte, gäbe es viel weniger Traurigkeit in der Welt.«

19

Niemand außer Wadley

Während Joe Carstairs alterte und langsamer wurde, tauschte sie mit Wadley den Platz. Früher war er der Unschuldige gewesen und sie der Wüstling, nun wurde er zum Playboy. Wadley hatte sich, wie Joe sagte, den Genuß von Brandy angewöhnt, das Zigarrenrauchen und das Pokerspiel. Sie behauptete, daß er in den frühen sechziger Jahren mit Jack Kennedy zusammengesteckt hatte. »Wadley war mit ihm befreundet, auf eine ganz witzige Art«, sagte Joe. »Sie waren zusammen in der Schweinebucht ... Wadley hat ihn *riesig* gemocht.« 1967 landete Wadley zusammen mit den amerikanischen Astronauten auf dem Mond, und eine Freundin von Joe verewigte Wadleys Weltraumflug auf einem Gemälde.

Während Joe begann, sich als ein Neutrum zu bezeichnen, als wäre sie eine Puppe, wurde Wadley – wie Jack Kennedy – sexuell immer unersättlicher. Obwohl verheiratet (er heiratete einmal in den zwanziger Jahren und ein weiteres Mal in den Vierzigern), hatte er Scharen von Freundinnen. Viele dieser Puppen hatte sie von ihren ehemaligen Geliebten bekommen, und einige – darunter drei rothaarige Puppenmädchen, die sie von einer rothaarigen Frau hatte – mußten weggeschlossen werden, damit Wadley nicht in Versuchung geriet. Wadley zeugte sogar Nachwuchs.

»Da er nun einmal ein Mann war, hatte er jede Menge Kinder, und wir mußten dafür blechen.« Nur einer von Wadleys Nachkommen trug seinen Namen. In den späten siebziger Jahren schloß Ann Azzara Freundschaft mit Joe, eine energische Frau irischer Herkunft, die mit einem New Yorker italienischer Abstammung verheiratet war. Die Seeabenteuer, von denen ihr die ältere Joe erzählte, erinnerten sie, wie Ann Azzara sagte, an die Geschichten, die sie von ihrem Vater kannte. Ann hatte auf dem Schiff ihres Vaters kochen gelernt, und für Joe bereitete sie das Schiffsfrühstück: Marmelade und Toast, Bücklinge, saure Heringe und Pilze. Ann war vernarrt in Wadley. Als sie schwanger wurde, verkündete Joe: »Das war Wadley, dieser Schlingel!« Anns Baby wurde auf den Namen Daniel Tod Wadley Azzara getauft, und als der Junge sieben Jahre alt war, brachte ihm Joe bei, Wadleys Zigarren zu rauchen.

In den achtziger Jahren stieg sie mit ein paar Freunden in ein New Yorker Immobiliengeschäft ein und nannte die Firma Wadley Associates. Das Briefpapier trug Wadleys Wappenkrone. Auch ihre philanthropischen Gesten verbanden sich fest mit Wadley. In den achtziger Jahren stellte sie ihn den Söhnen ihres Schneiders auf Long Island vor, die vier und fünf Jahre alt waren. Wadley war elegant gekleidet wie ein englischer Gentleman, und begleitet war er von einem Leibwächter, einem kleinen schwarzen Puppenjungen mit goldenem Gewehr. »Ich verrate euch ein Geheimnis«, sagte sie zu den Kindern. »Wadley ist sehr reich. Seht ihr die goldene Kette? Wenn ihr euch sehr gut benehmt, wird er eines Tages gut zu euch sein.« Jedes Jahr zu Weihnachten schenkte Wadley den Kindern Spielzeug, und mit Joes Hilfe errichtete er einen Fonds, damit sie später ihr Studium finanzieren konnten. Einem anderen kleinen Jungen aus ihrer Bekanntschaft schenkte Joe eine Zauberpfeife, und auf der beiliegenden Karte stand: »Fröhliche Weihnachten, alter Junge, Dein Tod Wadley. Wenn du jemanden oder etwas brauchst, mußt du einfach nur pfeifen.« Auf die Frage, was sie sich wünsche, antwortete Joe stets: »Ich brauche eigentlich nichts – bring was für Wadley mit.«

1978 bat sie Hugh Harrison, einen ansehnlichen Mann um die Sechzig, den sie auf Long Island kennengelernt hatte, zu ihr zu ziehen. »Diese verdammten Weiber habe ich satt«, sagte sie. Um zu beweisen, daß es ihr ernst war, erlaubte sie ihm sogar, seine Katze Bean mitzubringen (Katzen waren Joe natürlich ein Greuel). Hugh hatte Joe sofort gemocht, und er nahm ihr Angebot an. Bis zu ihrem Tod blieb er ihr Freund und Gefährte. Erst lebten sie in Miami, dann in Naples, einem luxuriösen Kurort an der Westküste Floridas. Joes Haus in Naples war wieder einem Schiff nachempfunden, es hatte massive Holzwände, Gewölbedecken und das Meer vor der Haustür. Wie im Herrenhaus auf Whale Cay wurde es mit kupfernen Schiffslaternen erleuchtet. Joe wohnte dort mit Hugh, Bean, einer Köchin und einem Dienstmädchen; als sie gebrechlicher wurde, kamen stets wechselne Pflegekräfte hinzu. Bean begriff bald, daß ihr Schlafzimmer tabu war.

Als Joe sich am Star operieren ließ, war sie beglückt

über den Anlaß, eine schwarze Augenklappe zu tragen. Mit Freude erinnerte sie sich an einen Vorfall aus den zwanziger Jahren, als sie dieses Piratenrequisit schon einmal getragen hatte. Mit dem Mantel eines Marineoffiziers und der Augenklappe geschmückt, war sie in eindeutiger Absicht auf einem Berliner Bahnhof von einem alten Mann angesprochen worden, der sie für einen Jungen hielt. Nach wie vor bestand sie auf ihrer Männlichkeit, und wenn sie von einer Fahrt mit dem Auto zurückkam, prahlte sie manchmal damit, daß Samson (ihr Auto) sich mit einem anderen Auto ein Rennen mit 160 Sachen geliefert hatte. Es kam vor, daß sie einen Raum voller fremder Leute betrat, mit sonnengegerbter Haut und kurzgeschnittenem weißem Haar, fluchte, es sei mal wieder »scheißkalt«, und sich die Ärmel hochkrempelte und dabei ihre faltig gewordenen Tätowierungen entblößte. An einem Arm trug sie eine Narbe als Andenken an eine Wette, die sie 1950, noch auf Whale Cay, mit einer Frau namens Betsy ausgetragen hatte. Es ging darum, wer sich am längsten eine brennende Zigarette auf die Haut drükken konnte. »Da war ich noch jung«, entschuldigte sich Joe. »Erst fünfzig Jahre. Gerade mal ein Kind.«

Joe beklagte sich, daß die Leute, damals als sie jung war, mehr Energie hatten. Jetzt sah sie überall »Junkies« mit »leerem, stierendem Blick«. Vielleicht wurde sie an die Blicke der Drogensüchtigen ihrer Jugend erinnert – ihrer Mutter, ihres ersten Schwarms Dolly Wilde, ihrer ersten Liebe Ruth Baldwin. Selbst wenn sie Schmerzen hatte, weigerte sie sich, irgendwelche Medikamente zu nehmen. Als ihr der Arzt wegen ihrer gedrückten Stimmung Prozac verschreiben wollte, fuhr sie ihn an: »Ich nehme keine Medizin!«

Joe mochte Boxkämpfe im Fernsehen. George Foreman war ihr Liebling, und seine Auftritte begrüßte sie mit den Worten: »Da kommt mein George!« Auf Video sah sie auch säbelrasselnde Abenteuerfilme nach der Art Errol Flynns, Filme von Großwildjagden in Indien und Afrika, Filme über Katastrophen wie den Untergang der *Titanic* oder *Der weiße Hai*. »Oh, wie ich den liebte!« schwärmte Joe. »Ich fand ihn so toll, den Hai!« Sie war vernarrt in alle Filme mit David Niven, dem sie sich in ihrer unbeirrbaren und gepflegten englischen Art sehr ähnlich fühlte. Joes Lieblingsblazer aus den zwanziger Jahren trug ein englisches Wappen und hatte Goldknöpfe. Ständig schimpfte sie über den Niedergang der englischen Weltmacht und den Ansehensverlust des Empires besonders in den ehemaligen Kolonien: »England ist auf den Hund gekommen, verdammt noch mal!«

Auch die Filme mit Marlene Dietrich sah sie auf Video. Sie inszenierte eine Art Aussöhnung, indem sie eins ihrer Konzerte in Miami besuchte und sie hinter der Bühne um eine Audienz bat. »Sie hat mich geküßt«, sagte Joe danach.

Als sie älter wurde, zog sie das einfache Leben vor und machte sich über die »reichen Knöpfe« in Naples lustig. Das protzige Vorzeigen von Reichtum hatte sie immer verachtet. Sie setzte ihr Geld für ganz praktische Zwecke ein – sie baute Boote, erlegte Tiere, kaufte Autos, finanzierte ihre Insel, zog sich gut an, hielt ihr Haus in Schuß und sorgte für ihre Freunde und Angestellten. Wenn sie nicht gerade etwas baute oder ein Projekt in Angriff nahm, brauchte sie für sich selbst kaum etwas. Manche Geldausgaben jedoch lohnten sich. In den späten achtziger Jahren stiftete sie ihre Siegespokale dem neueröffneten englischen Motorbootmuseum in Pitsea, Essex. Sie bezahlte den Überseetransport und auch die schußsichere Vitrine für ihre Trophäen. (Als diese versichert werden sollten, stellte sich heraus, daß es sich gar nicht um die versilberten Originale handelte, sondern um massivsilberne Kopien, die Joe nach dem Einbruch im Mulberry Walk hatte anfertigen lassen.)

Diejenigen, um die sich Joe finanziell »kümmerte«, entdeckten ihre Liebe für sie. Als sie in Miami auf der *St. Pete* wohnte, traf sie einen Mann, der sie seit den Tagen des Ersten Weltkriegs verehrte. William O'Brien oder »Obie« diente 1917 bei den Coldstream Guards, als er in den *News of the World* einen Artikel las, in dem Joes Einsatz als Sanitätsfahrerin in Frankreich beschrieben wurde. Er schnitt den Artikel aus und bewahrte ihn viele Jahre auf, er nahm ihn auch mit, als er nach Florida auswanderte. In den zwanziger Jahren verfolgte er mit Stolz ihre Siege als Rennfahrerin, und in den sechziger Jahren schließlich begegnete er ihr persönlich – und war überwältigt. Joe beschäftigte ihn als Bootstechniker und schenkte ihm eine Matrosenpuppe. Obie nannte Joe den »Skipper«. Nach ihrem Tod schrieb er: »Ich habe für ihre Boote gelebt und gearbeitet … und ich habe sie immer geliebt.«

Als Joe in den späten achtziger Jahren für immer Abschied von Long Island nahm, bot sie ihrem Schneider

Joe Visone und seiner Frau eine finanzielle Unterstützung an. Die Visones lehnten dankend ab, und Joe Visone sagte zu ihr: »Ich möchte das Geld nicht. Ich möchte Sie!« Auch Joes Freundinnen beglichen ihre Großzügigkeiten mit Liebe. Nach dem Krieg trennte sich Bardie Coleclough von ihrem Mann, dem Vizemarschall der Air Force und königlichen Leibarzt William Tyrrell. Sie wurde Kommunistin, aktive Atomwaffengegnerin, eine fanatische Vegetarierin und Rolls-Royce-Begeisterte. Das Geld, das Joe ihr jährlich schickte, sicherte ihr die Unabhängigkeit. 1986, im Jahr, als sie neunundachtzigjährig starb, schrieb sie an Joe: »Du hast mir Freiheit geschenkt. Du fehlst mir, und ich werde dich für immer vermissen, Klep.«

Joes Welt wurde jedoch zunehmend von Puppen bevölkert. Als Geschenk für Joe ließ ihr Gefährte Hugh Harrison eine »Mea-Doll« anfertigen, deren leeres Gesicht mit einem Fotoporträt des Beschenkten versehen wurde. Joe Carstairs küßte ihre Mea-Doll so innig, daß ihr Porträt verwischte und von Lippenstift verschmiert war. Hugh Harrison orderte eine weitere dieser Puppen für den Fall, daß die erste bis zur Unkenntlichkeit entstellt wurde. Freunde machten den Zwillingspuppen nun alle möglichen Geschenke, auch Tennisschläger und Tennisblusen mit einem applizierten W für Wimbledon, die dem Pärchen den Namen »Tennis-Boys« einbrachten. Es gab weitere Puppen, die Joe umgaben wie ein stummes Publikum – den Chinesen, den Cowboy mit seinem Pferd, den Kobold, den Dragoner, den Greis, die Matrosenjungen. Viele hatten Talisman-Qualitäten. Einmal bekam sie Spielzeugelefanten geschenkt, doch sie wies die Elefanten zurück und verlangte, daß die Rüssel in die Höhe stehen müßten, weil das Glück bedeute.

Als es dem Ende zu ging, änderte sie ihr Testament mindestens zweimal jährlich und definierte ihre Beziehungen sorgfältig in den Begriffen von Geld und Besitz. Insgesamt wurden achtundsechzig Fassungen beurkundet. In ihrem letztlich gültigen Testament verteilte sie die Hauptmasse ihres Vermögens, etwa 33 Millionen Dollar vor Steuern, auf Hugh, Charlotte, Jackki, Jorie und deren Freundin, John Howcroft und Frau sowie Dorothy Edwards, die Sekretärin ihres Anwalts. Zusätzlich verteilte sie über dreißig Legate an Freunde und Angestellte, die Summen von 5000 Dollar bis 600000 Dollar umfaßten und sich insgesamt auf 2500000 Dollar beliefen. Über ihre kostbarsten Gegenstände verfügte sie gesondert.

Jackki erhielt unter anderem »meinen großen schwarzen Holzelefanten, meinen silbernen Krug, mein Goldwappen mit dem Sonnensymbol, meinen ausgestopften Bären und Wadleys Kissen auf meinem Bett«. Für Hugh bestimmt waren »meine zwei Mea-Puppen, meine zwei handgetischlerten Stühle im Florida-Zimmer mit meinen beiden bestickten Kissen, den Waschbär auf dem Stuhl in meinem Zimmer, die gerahmte Plakette in meinem Zimmer, meine zwei ausgestopften Jungenpuppen, meinen weichen gelben Hund mit dem langen Kuschelschwanz, meine große und kleine Schildkröte sowie die gelben und die gefleckten Keramikhunde«.

John Howcroft, der ihr in den Anfangsjahren von

Whale Cay geholfen hatte, wurde bedacht mit »meinen Seemöwen aus Keramik und dem Holzschiff, die beide auf dem Klavier im Wohnzimmer stehen, dem ausgestopften Hund John, dem ausgestopften Hund in meinem Schlafzimmersessel, dem Bild meines Schiffs, das in meinem Zimmer hängt, und meiner Bronzestatue von Wadley«. Für Ann Azzara reservierte sie »meinen großen Lederpinguin im Florida-Zimmer, mein Buch über Lord Tod Wadley und mein gerahmtes Gedicht über Wadley, die sich beide in meinem Schlafzimmer befinden«. (Das Buch über Tod Wadley bestand aus Fotografien mit Kommentaren.)

Doris Cook, Joes Haushälterin in Naples, bekam »meinen Stoffbär mit dem Sonnenschild, die zwei alten Männer, von denen einer auf dem Pferd sitzt, meinen Stoffsoldaten, das Kamel und alle anderen Stofftiere und Puppen, die sie haben möchte, sofern hierin nicht anderweitig über sie verfügt wurde«.

Über alle persönlichen Besitztümer, die nicht im Testament aufgeführt waren, durfte der Testamentsvollstrecker nach Belieben verfügen – nur nicht über die Spielzeuge. Sie waren Joe eine gesonderte Klausel wert: »Ich weise den Vollstrecker an, über meine Möbel und anderen persönlichen Gegenstände, wo immer sie sich befinden mögen, in einer Weise zu verfügen, die seinem besten Wissen nach meinen Wünschen entsprochen hätte, sofern sie hierin nicht anderen Begünstigten zugesprochen wurden … Ausgenommen davon sind jedoch alle Stofftiere und Puppen, über die nicht gesondert verfügt wurde und die nicht von Doris Cook übernommen wurden. Diese sind zu verbrennen.«

Joe brüstete sich damit, ihre jüngeren Halbgeschwister überlebt zu haben – Sally und Frank starben beide in den achtziger Jahren, und sie schloß Wetten darauf ab, daß sie ihr vierundneunzigstes Lebensjahr erreichen würde. Mit Hugh stritt sie sich heftig darüber, wer von beiden der Männlichere sei. (Er war homosexuell, was sie natürlich gegen ihn verwendete.) »Also, *sie* gibt niemals nach«, bemerkte Hugh dazu. Doch in Wirklichkeit überstieg der Streit ihre Kräfte, und manchmal saß sie nach einem schmerzhaften Zusammenstoß da und schärfte sich ein: »Ich weine nie! Ich weine nie! Ich weine nie!« Wenn sie am Ende war, verkroch sie sich mit Wadley ins Bett. Sie sah es gern, daß Hugh, wenn er zum Gutenachtsagen in ihr Schlafzimmer kam, auch alle ihre Stofftiere und Puppen einzeln bedachte, und Joe antwortete an deren Stelle: »Gute Nacht, Tennis-Boys!« – »Gute Nacht, Hugh!« – »Gute Nacht, Waschbär!« – »Gute Nacht, Hugh!«

Joe behandelte ihre Gliedmaßen schließlich so, als wären sie gefühllos und würden nicht zu ihr gehören. Ihre Beine waren erst Lammkeulen, dann Hammelkeulen. »Legen Sie die Hammelkeulen ins Bett«, wies sie ihre Pflegerin an. Sie schickte Geld an Erdbebenopfer und überlegte, ob sie nicht auch ihre Hammelkeulen für die Ernährung der Opfer zur Verfügung stellen sollte. Gleichzeitig belebten sich ihre Behelfsgliedmaßen. Ihr Gehgestell nannte sie »Spinne«, sie verpaßte ihm sogar ein Schild mit diesem Namen, und die Krücken waren ihre »zwei Jungs«.

Joe wurde von der Angst gequält, daß Wadley etwas zustoßen könnte, und manchmal beendete sie auch einen Streit, weil sie befürchtete, daß ihr Gegner ihm in seiner Wut etwas antun würde. Einmal ging sie an einem sonnigen Tag zurück zum Auto, um Wadley zu holen, weil sie meinte, es könnte ihm zu heiß werden. Realistischer war ihre Angst vor den Motten.

Und Wadley alterte sichtlich. Seine Knopfaugen glänzten weiter, aber sein Ledergesicht wurde dunkel und spröde. Sie klebte kleine Pflaster über die Risse. »Ich weiß, er ist alt«, sagte Joe. »Er ist ein altes Kerlchen, geb's Gott, aber sein schelmisches Lächeln hat er immer noch!« Als Wadley am Arm kaputtging, brachte sie ihn zum Puppendoktor. Aber sie hielt es nicht ohne Wadley aus, und nach einer schlaflosen Nacht ließ sie ihn in aller Frühe zurückholen.

»Du hast nie jemanden wirklich gebraucht«, sagte eine Freundin zu ihr.

»Außer Wadley«, erwiderte sie.

»Und wenn ihm etwas zustößt?«

»Nein, daran will ich nicht denken«, sagte sie hastig.

Ihre Freundin blieb hartnäckig. »Stell dir vor, du fährst mit dem Auto, und plötzlich ...«

Joe fuhr scharf dazwischen: »Nein, darüber will ich nicht reden.«

Eine Frau, die Wadley in den achtziger Jahren zu sehen bekam, war von dem Anblick so verstört, daß sie ihn tagelang nicht loswurde. »Er sieht so lebendig aus«, sagte sie, und zögernd fügte sie hinzu: »Wie etwas Totes.« Wadley ließ Leben und Tod nicht hinter sich, sondern changierte auf eine unheimliche Weise dazwischen.

Als sie immer gebrechlicher wurde, suchte Joe Trost

in der Feststellung, daß sie schrumpfte. »Wenn ich dann sterbe, bin ich so groß wie Wadley.« Am Ende wurde sie wirklich so etwas wie eine Knabenpuppe. Um sich diese Illusion zu bewahren, ließ sie niemanden ihre Blöße sehen. Die Pflegerin durfte sie nur von hinten waschen. Als sie inkontinent wurde, brachte ihr die Pflegerin wasserdichte Unterwäsche. »Die gibt es doch auch für Männer, oder?« fragte Joe. »Dann kaufen Sie die!«

Besuche von Freunden versuchte sie abzuwenden, weil sie sich nicht in ihrer Hinfälligkeit zeigen wollte. Aber ihr Äußeres vernachlässigte sie nicht. Sie ließ sich gern das Haar bürsten, und sie verließ das Schlafzimmer nicht, ohne ordentlich gekleidet zu sein, selbst für den Gang zur Toilette legte sie Make-up und Lippenstift auf – einen hellroten Strich. »Ich sehe gut aus«, sagte sie. »Ich höre nichts mehr, ich sehe nichts mehr, aber ich sehe gut aus.«

Am 18. Dezember 1993 fiel sie ins Koma, nur wenige Wochen vor ihrem vierundneunzigsten Geburtstag. Die Schwester legte ihr Wadley in den Arm und bürstete ihr sanft das Haar. Sie flüsterte Joe die Uhrzeit ins Ohr – *nine-forty* – und hoffte, Joe würde *»ninety-four«* verstehen, das Alter von vierundneunzig Jahren, das sie unbedingt erreichen wollte.

In derselben Nacht starb Joe. Der Kater Bean wußte es als erster. Er kam in das Zimmer, das er noch nie hatte betreten dürfen, setzte sich neben ihr Bett und hielt Totenwache. Am Morgen kam ein Mann vom Beerdigungsinstitut, der ihre Leiche abholte. Sein Name war Todd.

Wadley und Joe wurden zusammen verbrannt. Ihre Asche wurde mit der von Ruth Baldwin nach Long Island transportiert, und in der presbyterianischen Walfängerkirche fand die Totenfeier statt. Als Andenken für die Trauergäste verteilte Jackki eine Fotografie, auf der Joe und Wadley vereint waren. Wadley war so vergrößert, daß Joe neben ihm zart wie ein Knirps aussah. Joe, Wadley und Ruth wurden zusammen bestattet. Ihr Grab liegt direkt am Meer.

Als ich dieses Buch fertigstellte, mehr als zwei Jahre nach dem Tod von Joe Carstairs, besuchte ich ihr Patenkind Jane Harrison-Hall. Sie erkundigte sich nach Lord Tod Wadley, und ich sagte ihr, daß er mit Joe verbrannt worden sei.

»Oh! Das macht mich traurig«, sagte Mrs. Harrison-Hall. »Armer Wadley! Wie konnte sie nur!«

Ohne Titel

Die menschliche Berührung
ist oft enttäuschend,
doch könnte ich nicht sagen,
ich hätte viel gelitten.
Ich bleib dabei,
daß Freundschaft
treu und wahr sein sollte,
ein kostbares Gefühl.
Und so
wählte ich mir einen,

dessen braune Augen
gerade blicken
und ohne Falsch.
Er ist mein
ständiger Begleiter,
doch nickt er nicht nur brav.
Seine Ruhe
und Bescheidenheit
ist so beschaffen,
daß Langeweile
niemals aufkommt.
Mein Lobgesang auf ihn
ist dergestalt
daß wenn ich ihn
ertönen ließe,
sein Echo
nie verhallen würde.
Drum,
um es kurz zu machen,
sag ich euch nur:
Er ist bloß eine Elle lang,
halb Puppe,
halb Knabe,
halb lebendes Wesen
halb Spielzeug –
mein Glücksbringer
Lord Tod Wadley.

M. B. Carstairs, etwa 1955

Nachwort

Am Ende des Jahres 1993 erhielt die Nachruf-Redaktion des *Daily Telegraph* einen Brief von einer Frau namens Jane Harrison-Hall. Sie hatte in den Traueranzeigen der Zeitung den Namen ihrer Taufpatin Marion Barbara Carstairs gefunden und schlug nun der Redaktion vor, ihr einen Nachruf zu widmen. Ihrem Brief hatte sie einige amerikanische Zeitungsartikel beigelegt.

Wir hatten diesen Namen noch nie gehört, doch als ich im Archiv nachschaute, fand ich einen dicken Packen Zeitungsausschnitte, und überwiegend handelte es sich um Berichte von Motorbootregatten. Offenbar war die im Jahr 1900 geborene M. B. Carstairs in den zwanziger Jahren eine Berühmtheit gewesen. Sie kleidete sich mit Vorliebe in Herrengarderobe, siegte mit ihren Motorbooten für Großbritannien und machte sich einen Namen als »schnellste Frau auf dem Wasser«. 1934 wurde sie Herrin der Insel Whale Cay auf den Bahamas und zog sich fast völlig aus der Öffentlichkeit zurück. In meinem Nachruf nannte ich sie »Joe« Carstairs, weil sie unter diesem Namen am bekanntesten war. Der Artikel erschien im Januar 1994.

Ein Nachruf im *Daily Telegraph* folgt einem festen

Muster. Der Verfasser wird nicht genannt, wertende Kommentare fehlen, der Form nach bietet er eine nüchtern-objektive Aufzählung von Lebensstationen und Verdiensten. Dieser Rahmen läßt Raum für Anekdoten, exzentrische Geschichten und Randbemerkungen. Diese Hintersinnigkeit geht allerdings mit einer gewissen Zuneigung einher – im Grunde sind die Artikel der Abgesang auf ein Jahrhundert und auf den Geist, der es prägte.

Verkörpert wird dieser Geist von den schrulligen Witwen und den strammen Veteranen, denen die Nachrufe des *Daily Telegraph* in erster Linie gelten – Charaktere, die auf heroische und zugleich komische Weise britisch sind. Unbekümmert um das Warum und Wozu waren sie einfach sie selbst, sie widerstanden allen Katastrophen und sogar dem Spott einer radikal gewandelten Welt. Es ist der Geist, der das britische Empire mitprägte, in zwei Weltkriegen ein beeindruckendes Heldentum hervorbrachte (den Soldaten, der mit »trotziger Todesverachtung seine Pflicht erfüllte«, wie es in zahllosen militärischen Würdigungen heißt) und in Friedenszeiten das legendäre Klischee des exzentrischen Engländers nährte.

Joe Carstairs war alles zugleich: draufgängerisch und tollkühn, unbekümmert britisch und blind für den gesellschaftlichen Wandel. Und wie viele andere Exzentriker stammte auch sie aus reichem Hause; sie konnte sich ihre Extravaganzen leisten. Doch Joe Carstairs war weder Witwe noch Veteran – sie war eine Lesbierin mit männlichem Outfit, deren Vermögen aus amerikanischen Ölquellen stammte und aus einer Zeit, als die USA sich anschickten, die Weltmacht Großbritannien zu überflügeln. Und obwohl sie es nicht nötig hatte, war sie eine knallharte Unternehmerin. Daß hinter soviel Tatkraft eine Frau steckte, war schon erstaunlich genug, aber sie sprengte mit Hilfe ihres Geldes alle Maßstäbe und lebte eine Phantasie der Selbstbestimmung und der Allmacht aus, in der sie abwechselnd der schnellste Mensch auf dem Wasser, der ewige Lausbub und eine souveräne Herrscherin war. Ihr Lebenswandel und ihre Launen waren dermaßen extravagant, daß sie ihr keinen Ruhm einbrachten, sondern sie ins gesellschaftliche Abseits katapultierten.

Als der Nachruf auf Joe Carstairs fertiggestellt war, entstand in mir das Bedürfnis, die Lücken der Diskretion, die ich gelassen hatte, auszufüllen, und persönliche Eigenheiten, die ich respektvollerweise – oder anzüglicherweise – nur angedeutet hatte, beim Namen zu nennen. Ich war neugierig auf Joe Carstairs geworden.

Nach dem Erscheinen des Artikels im *Daily Telegraph* meldeten sich einige Bekannte von Joe Carstairs zu Wort, und ich begann mit der Suche nach weiteren Zeugen. Viele von denen, die bereit waren, über sie zu reden, waren offenbar von derselben Neugier getrieben wie ich. Trotz ihrer geradlinigen Art blieb Joe Carstairs denen, die sie kannten, ein Geheimnis. Sie lebte mit einer solchen Unmittelbarkeit für den Augenblick, daß ihre Innenwelt fast völlig verborgen blieb. Joe Carstairs kannte keine Rücksichten und Entschuldigungen. Sie dachte nicht in den Kategorien von Ursache und Wirkung und gab sich keine Rechenschaft über ihre Absichten und Beweggründe. »Ich habe mich niemals von außen betrachtet. Ich war immer ich selbst«, sagte sie einmal. Sie glaubte sich immun gegen die Wirkungen der Zeit und sah in der Welt nur eine Kulisse für ihre Auftritte. »Sie verwandelte ihr Leben in eine lose Szenenfolge«, erklärte mir eine ihrer Freundinnen.

Ich wollte dem vorgezeichneten Bild auf den Grund gehen. Also fuhr ich nach Hampshire und stattete Jane Harrison-Hall einen Besuch ab. Sie war Ende Sechzig und hatte Joe nur kurz – vor deren Flucht auf die Bahamas – kennengelernt. Als kleines Mädchen war sie in einem silbergrauen Rolls-Royce aus Joes Fuhrpark durch London kutschiert worden. Nach dem Lunch holte Mrs. Harrison-Hall ihre Fotoalben hervor und erzählte mir von ihrem Vater und dessen drei Schwestern, die sämtlich mit Joe befreundet gewesen waren. Ich saß in einem Samtsessel – in einem Wohnzimmer voller Blumen und Teppiche, am glimmenden Kaminfeuer lag der Hund, draußen regnete es – und betrachtete die Fotos von Joe Carstairs, auf denen sie sich mit den Tanten von Mrs. Harrison-Hall an Stränden und auf Schlachtfeldern tummelte. Bevor ich mich verabschiedete, suchte ich die Gästetoilette auf, wo das Foto eines komischen Männchens hing. Das war, wie mir Mrs. Harrison-Hall erklärte, Lord Tod Wadley, gekleidet in einen Seehundsmantel, den ihm Joe Carstairs gekauft hatte – wie auch die Segelmütze und die handgefertigten italienischen Schuhe. Zu der Zeit hatte ich die Bedeutung von Tod Wadley noch nicht begriffen.

Im Jahr darauf besuchte ich eine Reihe von Joe Carstairs Geliebten, Freunden und Angestellten in London, Luzern, New York, auf Long Island, den Bahamas und in Florida, auch Angehörige ihrer Familie und ihrer Bediensteten auf den Bahamas. Ich flog nach Whale Cay in einem kleinen Flugzeug. Der andere Passagier war ein Handwerker, der den Stromgenerator des Ehepaars reparieren mußte, das die Insel allein bewohnte und bewachte. Nach etwa einer Stunde war die Reparatur erledigt, und das Flugzeug flog zurück, schwer beladen mit einer Lieferung in Eis gepackter Fische. Ich konnte nur einen flüchtigen Blick auf die Ruinen des Inselreiches werfen, das sich Joe errichtet hatte. Wie sie vorausgesagt hatte, war die Insel nach ihrem Tod wieder zum Dschungel geworden.

Ich stellte mir vor, daß Joe Carstairs sich gewünscht hätte, nach ihrem Tod auf ähnliche Weise wieder zu einem Stück Natur zu werden. Doch war mir auch klar, daß sie ihre außergewöhnlichen Leistungen gefeiert sehen wollte. So sehr sie das Exil suchte, so sehr sehnte sie sich auch nach Anerkennung. Also hätte sie sich gefreut zu hören, daß jemand ein Buch über sie schrieb. Fraglich war nur, was für ein Buch.

Es gibt sehr vieles, was dieses Buch nicht leisten kann oder will. Es sollte kein Buch über die lesbische Liebe werden, denn Joe Carstairs war zu selbstbestimmt und zu eigen, um etwas anderes darzustellen als sich selbst. Auch ein Lobgesang auf feministische

Tugenden und Errungenschaften sollte es nicht werden, denn die Identität, die Joe Carstairs sich zulegte, war schließlich eine männliche. Ein vollständiger oder chronologischer Lebensbericht ließ sich ebenfalls nicht erbringen, dafür war das verfügbare Material zu lückenhaft. Aber es konnte ein Buch werden, das Joe Carstairs mit ihrem Jahrhundert ins Benehmen setzte – und ein Blick auf dieses Jahrhundert aus etwas schräger Sicht. Ich bürstete die Legende ihres Lebens gegen den Strich und suchte vor allem dort nach Erkenntnissen, wo Joe sich bedeckt gehalten hatte oder nichts Wissenswertes vermutet hatte.

Darin wurde ich bestätigt, als ich mir eine Reihe von Tonbändern anhörte, die sie 1975 und 1976 besprochen hatte, um Freunden, die ihre Autobiographie schreiben sollten, das entsprechende Material zu liefern. (Es überrascht wohl kaum, daß nie ein Buch daraus wurde. Joe ließ sich von niemandem hineinreden, und schon gar nicht, wenn es um die Fakten ihres Lebens ging. Die Tonbänder dienten mir jedoch als Quelle der vielen wörtlichen Zitate in meinem Buch.)

Wenn sie auf den Aufnahmen gefragt wird, *warum* sie etwas getan hat, erwidert sie einfach, sie habe es getan, weil ihr so war – oder sie wird ungemütlich.

»Wir wollen herausfinden, was diesen Drang in dir hervorrief«, erklärt etwa der Gesprächspartner bei einem geduldigen Versuch, sie über ihre Kindheit zu befragen.

»Warum willst du das herausfinden?« fragt sie zurück.

Darauf bittet er sie, zwei widersprüchliche Selbstauskünfte miteinander in Einklang zu bringen.

»Das ist ein Rätsel«, erwidert sie.

»Ein Rätsel?« fragt der Freund zurück. »Glaubst du denn, daß du ein Rätsel bist?«

Joe beendet das Thema mit einem entschiedenen »Ja«.

Anmerkungen

Zu den Büchern, die ich für meine Recherchen benutzte, gehören: *The Story of the Bahamas* von Paul Albury, *Nachtgewächs* von Djuna Barnes, *In Memory of Dorothy Ierne Wilde*, herausgegeben von Natalie Clifford Barney, *Peter Pan* von J.M. Barrie, *Smouldering Wood* und *The Winding Stair* von Hans Jacob Bernstein, *Tallulah Bankhead* von Jeffrey L. Carrier, *Lot's Wife: Lesbian Paris 1890–1940* von Catherine van Casselaer, *The Rockefellers* von Peter Collier und David Horowitz, *Powerboat Speed* von Kevin Desmond, *Odd Girls and Twilight Lovers* von Lillian Faderman, *Djuna: the Formidable Miss Barnes* von Andrew Field, *No Man's Land* von Sandra M. Gilbert und Susan Gubar, *The Monkey Gland Affair* von David Hamilton, *Sacred Cowes* von Anthony Heckstall-Smith, *Serious Pleasures* von Philip Hoare, *John D. Rockefeller* von Silas Hubbard, *Who Killed Harry Oakes?* von Michael Leasor, *Every Other Inch a Lady* von Beatrice Lillie, *The White Witch of Rosehall* von Herbert George de Lisser, *Ten, Ten, the Bible Ten: Obeah in the Bahamas* von Timothy McCartney, *The King over the Water* von Michael Pye, *Fast Boats and Flying Boats* von Adrian Rance, *Arc de Triomphe* von Erich Maria Remarque, *Meine Mutter Marlene* von Maria Riva, *Bahamian Society after Emancipation* von Gail

Saunders, *Motor Boats* von F. Strickland, *Loving Garbo* von Hugo Vickers, *Rejuvenation by Grafting* von Serge Voronoff, *Speed: the Authentic Life of Sir Malcolm Campbell* von J. Wentworth Day, *Amazons and Military Maids* von Lulie Wheelwright, *Orlando* von Virginia Woolf und die Erinnerungen von Molly Coleclough, John Edward Johnston-Noad und Joan Mackern.

Die meisten Episoden dieses Buches wurden von Personen beigesteuert, die Joe Carstairs persönlich kannten; das gilt auch für die verwendeten Fotografien und Tonbandaufnahmen. Für ihre großzügige Hilfe danke ich Esther Albury, Myrlyn Allen, Victor Azzara, Katja Beck, Nicolette Bethel, Ernest Callendar, Claudine Callendar, Bradley Callendar, Julie Canavan, Peter Chester, Doris Cook, Margaret Craft, Kevin Desmond, Mary Donahue, Eileen Dupuch, Rivers Fletcher, Patricia Francis, Vanessa Francis, Jane Harrison-Hall, Madeleine Harrison-Hall, Hilton Harvey, Irene Harvey, Reverend Prince Hepburn, Mary Hinck, Bart Howard, John Jessup, Major Gerald Leonard, Bill Lightbourne, Muriel Lightbourne, Anna Nemec, William O'Brien (†), Crofton Peddie, Doris Pratt, Maria Riva, Peter Riva, Eric See, Oliver Sinnicks, Caroline Skeates, Binney Slater, Betty Thompson, Joe Visone, Emmanuela Visone, William Wong und Bachoo Woronzow. Mein besonderer Dank gilt Hugh Harrison und auch Kim Aranha, Marjorie Austin, Ann Azzara, Dorothy Edwards, Charlotte Landau und Jacqueline Rae.

Dank auch an Kete Goodhart, Charlotte Greig und Joanna Prior von Fourth Estate. Für ihre Ideen und ihre Ermutigung danke ich Will Cohu, Hugh Massingberd, Susan Feldman, Claudia FitzHerbert, Eric Bailey, Matt Seaton, Ruth Picardie, Wycliffe Stutchbury, Tamsin Currey, David Jones, Stephen O'Connell, Daniel Nogues, Eileen Vizard, Ann Dowker, Ian Parker, John Pitcher, Kathy O'Shaughnessy und ganz besonders Miranda Fricker, Keith Wilson und Valerie, Juliet und Ben Summerscale. Mein größter Dank aber geht an Christopher Potter, meinen Lektor, an David Miller, meinen Agenten, und an Robert Randall.

"TO MY DARLING JOE"

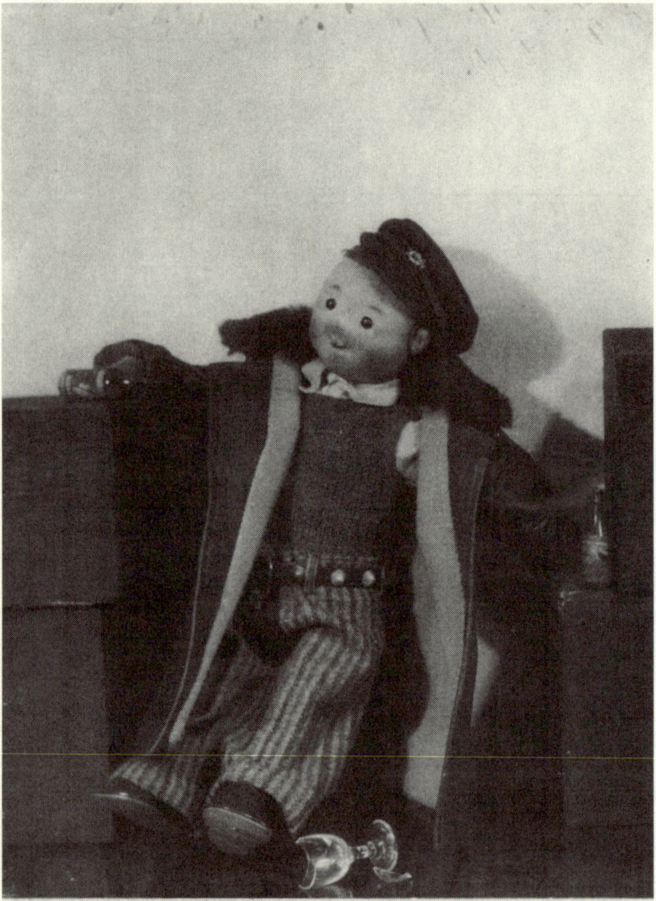

I LIKE MY COCKTAILS WITH A KICK IN THEM

I INTERVIEW THE PRESS IN MY BATH

OF COURSE, GARY COOPER IS A BACK NUMBER NOW

LOVE AT FIRST SIGHT

WEDDED BLISS

GOODBYE TO ALL THAT

OH NO! I NEVER LOOK BEHIND ME

Inhalt

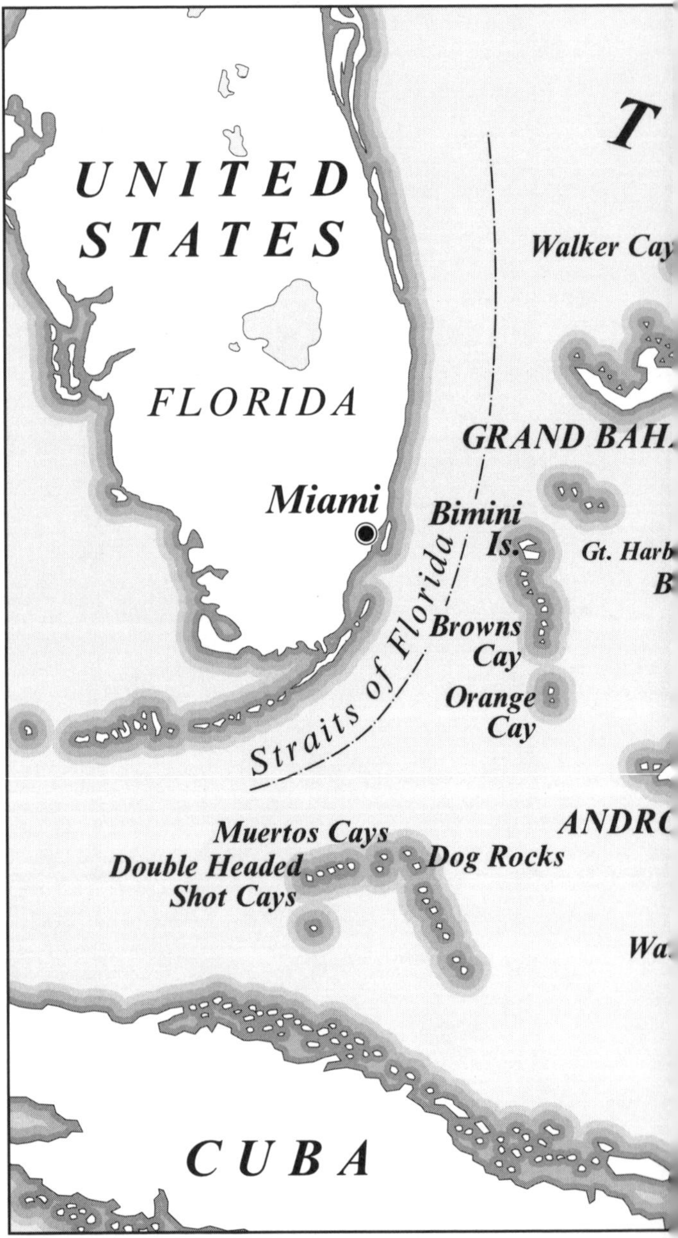

UNITED STATES
FLORIDA
Miami
T
Walker Cay
GRAND BAH
Bimini Is.
Gt. Harb
B
Browns Cay
Orange Cay
Straits of Florida
ANDR
Muertos Cays
Double Headed Shot Cays
Dog Rocks
Wa
CUBA